서울대 석학이
알려주는
자녀교육법

과학

서울대 석학이 알려주는
자녀교육법

과학

초판 1쇄 발행 2024년 4월 30일

지은이 송진웅

펴낸곳 서울대학교출판문화원
주소 08826 서울 관악구 관악로 1
도서주문 02-889-4424, 02-880-7995
홈페이지 www.snupress.com
페이스북 @snupress1947
인스타그램 @snupress
이메일 snubook@snu.ac.kr
출판등록 제15-3호

ISBN 978-89-521-3402-8 04370
　　　978-89-521-3396-0 (세트)

ⓒ 송진웅, 2024

이 책은 저작권법에 의해서 보호를 받는 저작물이므로
무단 전재와 복제를 금합니다.

서울대 석학이
알려주는
자녀교육법

과학

송진웅 지음

서울대학교출판문화원

발간사

부모에게 자녀교육은 가장 큰 관심사입니다. 부모는 자녀들이 공부를 잘해서 원하는 직업을 갖고 행복하게 살길 원합니다. 문제는 대부분의 부모가 자녀교육에서는 초보자라는 것입니다. 관련 교육을 받은 적도 없고, 자녀가 많은 경우도 흔치 않기에 시행착오를 통해 배우기도 어렵습니다. 그래서 자신이 공부한 경험에 비추어 보거나, 주변 사람의 조언을 듣거나, 학원 면담을 받아 가면서 아이들을 키웁니다.

다행히도 아이들의 교육과 성장에 대한 연구 결과가 많이 쌓여 있고, 그것을 연구하고 가르치는 교수님들이 계십니다. 이런 전문 지식을 활용하여 젊은 부모들이 자녀들을 잘 키우는 데 도움을 주고자 이 시리즈를 기획했습니다. 부모들이 높은 관심을 가진 여덟 가지 주제를 선정하고 그 분야에서 가장 전문성이 높은 서울대학교 교수님들과 함께 강의 동영상을 제작하고 책을 출간하게 되었습니다.

이 시리즈를 출간하는 과정에서 많은 분들이 도움을 주셨습니다. 교육과 연구로 매우 바쁘신 중에도 시리즈의 기획 취지에 공감하여 작업에 동참해 주신 여덟 분의 교수님께 진심으로 감사드립니다. 부모들과 학생들의 주요 관심사항을 심층 조사해서 독자들께 도움을 줄 만한 내용으로 책을 집필하는 데 큰 도움을 준 NHN에듀의 김상철 부대표님을 비롯한 임직원들께 감사드립니다. 또한 신속한 출간을 위해 열정을 쏟아 주신 출판문화원 곽진희 실장님과 선생님들께도 깊이 감사드립니다.

　이 시리즈에 참여해 주신 이경화 교수님께서 '부모는 자녀들의 감독이 아닌 팬이 되라'고 하신 말씀을 기억합니다. 이번 시리즈가 부모님들이 아이들의 팬이 되어 친밀한 관계를 유지하는 동시에 아이들을 훌륭한 인물로 키우는 데 큰 도움을 줄 것이라 믿습니다.

서울대학교출판문화원 대표이사/원장

이경묵

머리말

과학은 왜 공부해야 하며 어떻게 공부하는 것이 좋을까? 이 책은 기본적으로 이 질문에 답하기 위해 집필되었다.

2023년 12월 교육부가 발표한 2028 대학입시제도 개편안에 따르면 2028학년도부터 수능에 응시하는 모든 학생은 국어, 영어, 수학, 한국사와 더불어 통합사회, 통합과학 시험도 치러야 한다. 과학이 어렵고 재미없어도 반드시 공부해야 하는 과목이 된 것이다. 새 대입안에 염려스러운 부분도 많지만, 소위 도구 과목에 해당하는 국어, 영어, 수학만이 중심을 이루던 그동안의 대학입시에서 벗어나 사회와 과학도 같은 비중을 차지하게 되었다는 점은 진일보한 부분이다.

그럼에도 오직 수능 필수과목이라는 이유만으로 과학을 공부해야 한다면 얼마나 불행한 일인가? 과학은 반드시 해야 해서가 아니라 그 자체로 재미있어서 공부하는 과목이 되어야 한다. 수학을 싫어하면서도 입시 때문에 어쩔 수 없이 공부하며 사교육까지 받다가, 견디지 못하고 결국 '수포자'가 되는 경우를 많이 봐왔다. 과학에서만큼은 '과포자'가 생기지 않았으면 하는 마음이 이 책의 집필을 결심

하는 계기가 되었다.

　오늘날 우리 주변은 AI와 빅데이터, 로봇과 각종 디지털 기기로 가득하다. 스마트폰으로 할 수 없는 일이 거의 없고, 키오스크를 거치지 않으면 햄버거 하나 사 먹기 힘든 세상이 되었다. 이제 디지털 기술에 뒤떨어지면 개인은 물론 국가 전체가 생존의 위협을 받는다. 또한 코로나19 팬데믹 때 경험했듯이, 최근의 세계적 문제들은 과학적 접근 없이는 이해도 해결도 어려울 뿐만 아니라 인류의 생존과 직결되어 있다. 21세기의 세계는 기후 위기, 자연재해, 에너지, 식량 부족 등 과학기술과 깊이 연관된 문제들로 둘러싸여 있기에 과학기술에 대한 의존도는 갈수록 심화할 것이다. 우리 아이들이 과학을 꼭 배워야 하는 이유가 여기에 있다.

　학교 과학교육의 목표는 "과학적 소양을 갖춘 민주 시민"을 양성하는 것이다. 이는 우리나라를 비롯해 전 세계가 공유하는 목표이기도 하다. 초중고 학교 교육은 전문가를 양성하는 것이 아닌 보통의 시민이 미래 사회를 살아가는 데 필요한 역량을 기르는 것을 지향하기 때문이다. 과학적 소양 scientific literacy 이란 기본적인 과학 기초 지식을 갖추고 과학적 방법을 익혀서 개인과 사회의 문제를 합리적이고 효과적으로 해결하는 데 필요한 소양을 의미한다. 과학을 통해 모두와 함께 살아갈 수 있는 현명한 시민, 똑똑한 소비자, 창의적 생산자를 지향하는 것이다. 과학을 배우면 좋은 또 다른 이유이다.

1997년 IMF 사태 이후 과학기술 인력들이 직장을 잃고 방황하던 시절이 있었다. 안전한 직장이라고 생각했던 연구개발직의 고용 안정성이 무너지면서 이공계에 대한 선호도가 급격히 낮아졌고, 이에 이공계 분야로 진출하려는 학생이 급격히 감소했다. 이것이 당시 '이공계 위기론'의 핵심이었다. 제조업과 수출로 먹고사는 우리나라의 미래가 암울하던 시기였다.

25년이 지난 지금, 우리는 또 한 번 이공계의 위기를 맞고 있다. 하지만 이번에는 이공계에 진출하는 사람이 없어서가 아니라, 너무 많은 학생이 이공계를 가려고 해서 문제이다. 소위 '의대 열풍'으로 초등학생 때부터 사교육에 매달리고, 중고등학교를 다니는 동안에는 내신 성적에 올인하고, 이후 재수와 삼수를 무릅쓰며 수능을 무한 반복으로 준비한다. 대학에 진학한 후에도 반수와 재도전을 통해 의약 계열로 전공을 바꾸기 일쑤이다. 의약학 분야의 전망이 밝기는 하지만, 최고의 인재들이 모두 의사가 된다면 제조업과 수출로 먹고사는 우리나라의 미래는 암울하지 않을 수 없다.

IMF와 의대 열풍에 의한 이공계 위기의 배경에는 공통적으로 과학교육을 진학과 취업의 수단으로만 바라보는 제한된 관점이 자리한다. 우리가 학교에서 국영수를 배우는 이유가 그 분야의 전문가가 되기 위함은 아니지 않은가. 즐거운 과학 공부를 통해 더 많은 아이들이 과학적 소양을 갖춘 똑똑한 시민으로 성장할 수 있기를 희망한다.

2024년 4월
송진웅

차례

발간사   4
머리말   6

1장 과학자, 그들은 누구인가?

똑똑한 과학교육의 시작   15
영국인이 가장 사랑하는 과학자, 패러데이   16
제본소에서 과학자의 꿈을 키운 어린 견습공   19
전기 문명을 이끈 과학자로서의 업적   22
크리스마스 과학 강연   24
순수 과학자의 명예에 집중하다   25
과학자와 과학교육의 특징   28

2장 과학은 어떻게 발전하는가?

2,000년에 걸친 과학 개념의 발달   30
과학자의 소통 창구   34
과학과 대중의 만남   38
과학에 대한 큰 그림   41
거인의 어깨 위에서   45

3장 과학의 특징은 무엇인가?

과학적 탐구   47
결과로서의 과학 vs 과정으로서의 과학   51
과학의 일반적 인식   53

과학의 인식론적 특징	56
과학은 수학, 공학과 어떻게 다른가?	58

4장 과학에는 어떤 분야가 있는가?

사범대학 과학교육 계열의 체제	62
과학교육 계열의 세부 전공	66
물·화·생·지의 관계	71

5장 초중학교에서는 어떤 과학을 공부하는가?

2022 과학과 교육과정	74
활동과 경험 중심의 초등학교 과학	80
시민의 과학 상식을 위한 중학교 과학	83
중학교에서 과학이 어렵다고 느끼는 이유	87

6장 고등학교에서는 어떤 과학을 공부하는가?

1학년은 공통과목, 2-3학년은 선택과목 중심	91
통합과학과 과학탐구실험	94
개별 과학의 맛을 느낄 수 있는 일반 선택과목	98
고등학교 과학 공부는 넓고 깊게	102

7장 과학 특화 고등학교 선택 가이드

우리나라 과학교육의 장단점	104
과학 특화 고등학교의 도입	107
과학영재학교와 과학예술영재학교	110
과학고등학교	112
과학중점학교	114
우리 아이에게 맞는 과학 특화 고등학교 찾기	117

8장 학교 밖에서 과학 공부하기

학교 밖 과학교육	122
나들이는 국립과학관으로	125
과학관을 방문할 때 알아 두면 좋은 팁	130
전국의 크고 작은 과학관	131
해외여행 중 박물관과 과학관으로	134
즐거운 주말을 위한 과학 프로그램	137

9장 과학 공부를 어렵게 느끼는 이유

과학 공부는 언제부터 어려워질까?	141
과학 공부에는 구조적 이해가 필요하다	146
과학 공부와 '오개념'	148
스토리가 없는 과학	156
과학 공부의 어려움을 극복하려면	158

10장 효과적인 과학 공부법은?

초등학교의 과학 공부	161
중학교의 과학 공부	167
고등학교의 과학 공부	170
과학 공부, 시기별로 초점을 맞추어	174

11장 이공계 공부에 대한 오해 (1)

오해 1: 나는 수학을 못한다	177
오해 2: 과학은 지능이 중요하다	180
오해 3: 과학은 정답을 찾는 과목이다	183
오해 4: 과학 공부는 혼자 하는 것이다	185
오해 5: 이공계는 큰돈을 벌 수 없다	189

12장 이공계 공부에 대한 오해 (2)

오해 6: 이공계는 의대 아니면 공대이다	193
오해 7: 이공계를 졸업하면 과학자나 공학자가 된다	195
오해 8: 과학은 정치·사회·문화와 무관하다	198
오해 9: 과학을 공부하려면 과학고에 가야 한다	199
오해 10: 인문사회계에서는 과학 공부가 필요 없다	201
멀리 갈 수 있는 과학 공부 습관	204

13장 미래 과학교육의 방향은?

21세기의 위기와 과학기술의 현황	207
시대에 뒤떨어진 우리나라의 과학교육	213
미래의 과학교육을 위한 청사진	216
요리 같은 과학을 위해	223

14장 부모도 과학을 공부해야 하는 이유

학부모로서의 과학 공부	226
성인으로서의 과학 공부	228
마무리하며	237
과학, 무엇이든 물어보세요	239
참고문헌	245
이미지 출처	247

1장
과학자, 그들은 누구인가?

1장에서는 '과학자, 그들은 누구인가?'라는 질문에서 시작해 영국의 과학자 마이클 패러데이를 중심으로 과학자는 어떤 일을 하는지 살펴보고자 한다. 이를 통해 그의 업적과 과학에 대한 태도가 현재의 과학교육에 주는 시사점과 함께 자녀의 과학교육에 대해 이야기하기 전에 염두에 두어야 할 과학의 특징을 찾아 볼 것이다.

똑똑한 과학교육의 시작

과학교육의 목표에 대해 알아보는 효과적인 방법 중 하나는 과학자들을 살펴보는 것이다. '과학자, 그들은 누구인가?', '그들은 어떤 일을 하는가?', '그들이 다루는 과학이란 무엇인가?' 사실 이 질문들의 답을 찾는 과정은 그리 간단하지 않다. '과학이란 무엇인가?'라는 질문과 그에 대한 답변은 곧 과학을 정의 define 하는 일이며, 이는 지금까지도 논쟁이 되는 과학철학의 근본적인 문제이기 때문이다. 그럼에도 학생들에게 과학을 가르치고 공부하도록 하는 일, 즉 과학교육은 사회에서 끊임없이 일어나야 하고 또 일어나고 있는 현상이다. 과학교육을 통해 달성하고자 하는 중요한 목표는 학생들로 하여금 훌륭한 과학자의 모습을 그려 보고 그러한 과학자로 성장하도록 돕는 것이다.

그렇다면 '과학자, 그들은 누구인가?'라는 질문을 '어떤 과학자를 선택해 소개해야 하는가?'로 바꿔 볼 수 있다. 이 역시 많은 고민이 필요한 질문이다. 과학에는 물리학, 화학, 생명과학, 지구과학 등이 포함되며 이 외의 분야도 많다. 또한 2,500년간 이어져 온 과학사 속에는 서로 다른 시기를 살았던 과학자들이 무수히 존재한다. 누구 하나를 선택해 대표적인 과학자로 세우는 일이 어려운 이유이다. 역사 속 수많은 과학자 중에서 딱 한 사람만 고른다면 과연 누가 가장 적합할까? 또 그 이유는 무엇일까?

영국인이 가장 사랑하는 과학자, 패러데이

고민 끝에 선택한 과학자는 영국의 물리학자 겸 화학자 마이클 패러데이Michael Faraday이다. 패러데이는 1791년 런던 외곽 지역에서 출생해 1867년 사망했다. 다시 말해 그는 영국에서 산업혁명이 진행되

영국의 20파운드 구권 화폐 속 패러데이

고 빅토리아 여왕Queen Victoria이 재위하던 시기, 즉 영국이 세계 최강국으로 한창 번성하던 시기에 활동했던 과학자이다. 영국은 프랜시스 베이컨Francis Bacon, 아이작 뉴턴Isaac Newton, 제임스 줄James Joule, 찰스 다윈Charles Darwin, 제임스 맥스웰James Maxwell, 알렉산더 플레밍Alexander Fleming, 스티븐 호킹Stephen Hawking 등 과학사에 이름이 오른 수많은 과학자들을 배출한 나라이다. 그중에서도 특히 패러데이는 영국인이 가장 사랑하는 과학자로 손꼽힌다. 이런 이유로 영국의 옛 지폐에는 그의 모습이 크게 새겨져 있다.

과학계에서는 역사적으로 탁월한 업적을 남긴 과학자들을 기리기 위해 과학 단위에 그들의 이름을 붙이는 관행이 있다. 힘의 단위 뉴턴(N), 전하의 단위 쿨롱(C), 전류의 단위 암페어(A), 에너지의 단위 줄(J) 등이 여기에 해당한다. 패러데이의 이름은 전기 용량 단위인 패럿(F)에 남아 있고, 전기화학 등에서 전하량을 나타낼 때 사용하는

1장 과학자, 그들은 누구인가?

패러데이 상수도 그의 이름에서 따온 것이다.

패러데이는 현대의 전기 문명을 이끈 전자기학 분야를 창시한 물리학자이자 전기화학 분야를 개척한 화학자이기에 전자기학의 창시자, 전기 문명의 아버지라 불린다. 또한 그는 전기와 자기 현상의 관계를 밝히고 이와 관련된 여러 장치를 고안했던 발명가이자, 많은 과학 강연을 통해 대중에게 과학의 즐거움과 신기함, 유용성을 알렸던 과학 소통자, 즉 과학 커뮤니케이터였다.

패러데이를 제대로 이해하기 위해서는 그가 살았던 시대 배경을 먼저 이해할 필요가 있다. 당시 영국에서는 산업혁명이 일어나고 있었다. 산업혁명은 18세기 말부터 19세기 초반까지 영국에서 먼저 진행되었으며 이후 유럽의 다른 국가와 미국으로 퍼져 나갔다. 산업혁명을 거치면서 영국은 강력한 산업 선진국의 반열에 올라 세계를 제패할 수 있는 힘을 갖게 되었다. 산업혁명이 추진되자 면직 공장에서 사용되는 직조 기계나 광산에 고이는 물을 퍼 올리는 펌프가 만들어졌고, 그때 증기기관도 탄생했다. 이전에 경험해 보지 못한 수많은 기계가 발명되고 널리 사용되기 시작한 것이다. 새로운 기계를 잘 사용하기 위해서는 기계 원리를 이해해야 했고, 이미 만들어진 기계에도 끊임없는 개선이 필요했다. 이에 과학기술의 보급과 기초과학 연구가 절실해지면서 1799년 런던의 왕립연구소(Royal Institution, RI)가 설립되었다.

패러데이는 1813년 왕립연구소에서 화학 실험 조교로 일하기 시작했고, 이후 평생 그곳에서 과학자의 삶을 보냈다. 왕립연구소는 영국에서 직업으로 과학을 연구하는 사람, 즉 과학자가 일할 수 있는 최초의 직장이기도 했다. 당시 영국에서는 산업혁명을 통해 증기기관과 다양한 기계장치뿐 아니라 많은 과학적 진보가 진행되었고 근대 문명의 급속한 팽창이 이루어졌다. 패러데이는 이러한 시대적 환경 속에서 태어나고 성장했던 것이다.

제본소에서 과학자의 꿈을 키운 어린 견습공

패러데이가 태어났을 당시 그의 가족은 잉글랜드 북쪽에 살고 있었지만, 곧 다른 도시 이주자들처럼 그의 아버지도 식구를 이끌고 일자리를 찾아 런던으로 갔다. 그곳에서 아버지는 훗날 패러데이가 그러했던 것처럼 오랫동안 견습공 생활을 한 이후 대장장이로 일할 수 있었다. 어머니는 가난한 농부 집안 출신이었다. 이들은 네 형제를 두었는데, 이 중 셋째가 패러데이였다. 대장장이였던 아버지는 자주 아팠고, 아버지의 병환으로 가족은 늘 경제적 어려움에 시달렸다.

 산업혁명과 도시화가 진행되며 많은 사람이 직업을 찾아 런던 등 대도시로 이주했다. 그러나 당시에는 초등학교도 의무교육이 아니었으므로 당연히 일부 부유층 아이들을 제외하고는 대부분 학교에 다니지 못했다. 패러데이 가족은 독실한 기독교 집안이었기에, 그는 교회에서 열리는 주말 학교Sunday School에 다니며 기초적인 읽기와 쓰기 정도를 공부할 수 있었다. 그는 정규 학교에 다니는 대신 어린 나이부터 견습공 생활을 해야 했다.

패러데이가 견습공 생활을 했던 곳은 책을 만드는 제본소였다. 오늘날의 제본 과정은 거의 자동화되어 있지만 당시에는 숙련된 손기술과 예술 감각을 필요로 하는 작업이었다. 그는 그곳에서 7년 동안 견습공 생활을 이어 갔고, 제본할 책의 원고를 보면서 새로운 지식과 문명을 자연스럽게 접할 수 있었다. 당시 읽었던 책 중 그가 특히 감동했던 두 분야가 바로 전기와 화학이었다. 이후 그는 이 두 분야에 걸쳐 역사에 길이 남는 업적을 남기게 된다.

패러데이가 견습공 생활을 했던 장소에 가면 "Michael Faraday, Man of Science. Apprentice Here.(과학자, 마이클 패러데이, 여기서 견습 생활을 하다.)"라는 표식이 걸려 있다. 패러데이가 당시에 남긴 다음과 같은 메모를 통해 그가 쪼들리는 생활 속에서도 어떻게 과학에 대한 관심을 이어 갔는지 짐작할 수 있다. "견습공 시절 나는 작업하던 과학책들을 읽는 것을 매우 즐겼다. 특히 마르세Jane Marcet가 쓴 『화학의 대화Conversations on Chemistry』와 브리태니커 백과사전의 전기 분야를 즐겨 읽었다. 일주일에 몇 펜스의 비용으로 할 수 있는 아주 간단한 화학 실험을 직접 해보기도 했는데, 처음에는 작은 유리병을 이용했다가 돈이 조금 모이면 작은 전기장치를 만들었고, 이후에 돈이 또 모이면 실린더나 다른 장치들을 구매해서 자기장치를 만드는 작업을 했었다."● 그는 견습공 생활을 하며 저녁 시간을 이용해 과학 강연을 듣기도 했으며, 이때 형들이 보태 준 용돈이 큰 도움이 되었다고 한다.

당시 패러데이의 직장에서 멀지 않은 곳에 왕립연구소가 있었고, 그는 왕립연구소 회장에게 일자리를 요청하는 용감한 편지를 쓰기도 했다. 무슨 일이든 좋으니 그곳에서 일할 수 있는 기회를 달라는 내용이었지만 아무런 답변을 받지 못했다. 그러던 어느 날 그는 제본소의 한 고객으로부터 당시 왕립연구소 소속의 유명 과학자였던 험프리 데이비 Humphry Davy 의 화학 강연 티켓을 선물받는다. 너무나 기뻤던 패러데이는 강연 내용을 정리한 노트뿐 아니라 실험 장면까지 그림으로 그려서 데이비에게 선물했다. 이에 큰 감동을 받은 데이비는 마침 실험실에서 허드렛일을 도와주는 조교를 찾고 있었다며 패러데이에게 일자리를 제안했다. 패러데이와 왕립연구소의 인연이 시작된 것이다. 당시 패러데이가 일하던 실험실은 오늘날에도 왕립연구소의 건물 지하에 작은 전시관 형태로 보존되어 있다.

● Henry Bence Jones (2010), *The life and letters of Faraday*, Cambridge University Press, p. 11.

전기 문명을 이끈 과학자로서의 업적

왕립연구소에 들어간 이후 패러데이는 많은 연구 성과를 남겼다. 그중 물리학과 관련된 일부를 우선 소개해 보겠다.

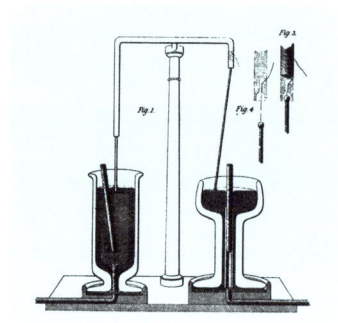

패러데이의 전자기 회전 장치

패러데이는 1821년에 전자기 회전 장치를 개발했다. 이 장치에 대한 설명은 다음과 같다. 전류가 흐를 수 있는 수은을 양쪽 컵에 담은 후, 한쪽 컵 아래에는 자석을 묶어 도선을 고정시키고 다른 한쪽 컵 위에는 도선을 매달아 자석을 컵에 고정시킨다. 이 양쪽 도선으로 전류를 흘려 보내면 고정되지 않은 자석과 전선이 회전하게 된다. 이는 전기에너지를 이용해 운동을 일으키는 가장 초기의 발견 중 하나로 평가받는다. 또한 1831년에 그는 디스크가 돌아가면서 전기가 발생하는 장치인 패러데이 디스크를 발명했으며, 1836년에는 도체로 둘러싸인 구조물인 패러데이 케이지(새장)도 만들었다. 패러데이 케이지는 외부의 정전기장이 새장의 도체 속 전하를 재배치함으로써 외부 전자기장의 효과가 내부로 미치지 않게 하는 장치이다. 이는 번개가 칠 때 자동차에 머무는 것이 안전한 원리이기도 하다.

패러데이의 과학 업적 중 가장 유명한 것은 그가 1831년에 발견한 전자기유도의 법칙이다. 이는 자석과 전선이 만나 상대운동을 할 때 그 운동으로부터 전기가 발생하는 현상을 말한다. 이 법칙에 따르면 전기회로에서 발생하는 유도 기전력의 크기는 회로를 통과하는 자기선속(자기량을 나타내는 물리량)의 변화율과 같다. 즉, 자석이 빨리 움직일수록 더 큰 전류가 발생한다는 것이다. 이는 오늘날 발전기와 모터의 기본 원리가 된다.

막대자석 주변에 철 가루를 뿌리면 자석의 N극과 S극 주위에 철 가루가 원형으로 퍼지는 모습을 본 적이 있을 것이다. 이는 자기력선에 의한 작용으로, 패러데이는 자기력선 개념을 바탕으로 자기력이 영향력을 미치는 방향과 범위, 밀도를 시각적으로 표현하는 방법을 제안했다. 또한 그는 전기분해로 만들어지는 물질의 양은 흐르는 전류에 비례한다는 전기분해 법칙도 발견했다.

패러데이는 환경 문제에도 관심이 많았다. 당시 인구가 폭발적으로 늘어난 런던에는 스모그와 함께 템스강의 오염이 심각한 문제로 대두하고 있었다. 한번은 패러데이가 수상 보트를 타고 템스강을 따라 이동하면서 흰색 종이를 사용해 강 곳곳의 오염도를 관찰했고, 의회와 신문사에 그 심각성을 알리는 편지를 보내기도 했다. 그의 이러한 노력은 여러 매체를 통해 보도되었으며 마침내 템스강에 정화장치를 설치하겠다는 의회의 결정으로 이어졌다.

크리스마스 과학 강연

패러데이는 물리학자, 화학자, 발명가였지만 사실 '과학 커뮤니케이터science communicator'로 가장 잘 알려져 있다. 과학 커뮤니케이터는 20세기 후반 이후 널리 사용되는 용어로, 대중이 즐기고 참여하는 과학 문화 활동을 이끄는, 즉 과학과 대중을 연결하는 '과학 소통가'를 가리킨다. 과학 커뮤니케이터로서 패러데이의 모습을 가장 잘 보여 주는 사례는 1825년 시작해 현재까지 200년간 이어지고 있는 왕립연구소의 유명한 '크리스마스 과학 강연Christmas Lecture'이다. 이는 세계에서 가장 오래된 과학 강연으로, 크리스마스 연휴에 어린이를 포함한 일반인을 대상으로 신기하고 재미있는 과학 강연을 실험과 함께 보여 준다. 크리스마스 과학 강연이 시작될 당시 영국에서는 오페라나 연극 같은 고급문화 또는 축구 같은 대중 레저 문화가 일반적이었다. 그런 점에서 크리스마스 과학 강연은 역사상 처음으로 과학과 일반 대중이 만나는 접점이 되었다. 보통 크리스마스 과학 강연에서는 당대의 가장 저명한 과학자가 오랜 준비 과정을 거쳐 대중에게 자신의 연구 성과를 쉽고 재미있게 설명하며, 1936년 이후로는 BBC를 중심으로 텔레비전 중계도 된다. 패러데이는 총 19회에 걸쳐 크리스마스 과학 강연을 했고 지금까지도 역사상 가장 많은 강연을 한 사람으로 남아 있다.

그의 크리스마스 과학 강연 중에서도 '양초의 화학사the Chemical

패러데이의 크리스마스 과학 강연

History of Candle'는 특히 유명하다. 이 강연에서 그는 오직 양초만 가지고 몇 시간 동안 화학 실험을 했다. 양초의 불꽃이 왜 그런 모습이고 그 색깔인지, 양초 온도는 몇 도이며 양초에 공기가 들어가지 못하면 어떻게 되는지 등 양초로 할 수 있는 실험만으로 멋진 강연을 구성한 것으로 유명하다. 그 내용을 모아서 같은 이름으로 출간된 책은 과학사에 남을 명저이다.

순수 과학자의 명예에 집중하다

패러데이는 왕립연구소에서 과학자로 일하는 동안 교수로 승진해 명예를 얻고 영국을 대표하는 과학자가 되었다. 하지만 그는 무엇보다 순수 과학자로서의 명예를 지켰던 사람으로 유명하다.

1824년 패러데이는 영국 최고 권위를 지닌 과학 단체 왕립학회의 평의원(Fellow of the Royal Society, FRS)으로 선출되었다. 이후 그는 두 차례에 걸쳐 왕립학회의 회장으로 추대되었지만 이를 모두 거절했다. 1832년에는 옥스퍼드 대학교의 명예 박사학위를 받았고, 1833년에는 왕립연구소의 초대 화학 석좌교수가 되었다. 또한 과학적 업적과 성취를 인정받아 미국, 스웨덴, 프랑스, 네덜란드 등의 과학 아카데미로부터 외국인 명예회원으로 추대받기도 했다. 명실상부 당대 최고의 과학자로 인정받은 것이다.

하지만 패러데이는 과학자 이외의 역할과 명예에 대해서는 스스로를 매우 엄격하게 제한했다. 당시 빅토리아 여왕은 그에게 기사 작위를 수여하려 했으나, 그는 '마지막까지 평범한 패러데이로 남고 싶다'며 이를 거절했다. 또 영국 정부로부터 크림전쟁에 사용할 화학 무기 개발의 자문 과학자로 참여해 달라는 간곡한 요청이 있었지만 윤리적 이유로 거절하기도 했다. 임종을 앞두고 그는 영국의 가장 명예로운 묘지인 '웨스트민스터 사원'에 안장될 것을 권유받았으나 이 또한 거절하고 런던의 한 공동묘지를 선택했다. 대신 웨스트민스터 사원에는 뉴턴의 묘 바로 앞 바닥에 패러데이의 과학적 공헌을 기리는 기념 표식이 새겨져 있다.

지금까지 패러데이가 살았던 시대적 배경과 가난했던 어린 시절 그리고 과학자로서의 활동과 업적을 살펴보았다. 많은 과학자가 그렇듯이 패러데이도 자신의 철학을 담은 훌륭한 말을 남겨 놓았다. 그중 몇 가지를 소개해 보겠다.

"자연법칙과 일치하는 것을 아는 데에는 실험만큼 좋은 것이 없다." 과학에서 실험 활동이 얼마나 핵심적이고 중요한지에 대한 말이다. 실제로 그는 과학자로서 평생 지하 실험실에서 살았으며, 마지막 순간까지 실험과학자로서의 삶을 철저하게 지켰다. 그는 "자신이 옳다고 확신하는 사람이 있다면 그 사람은 거의 틀릴 것이 확실하다."라고 주장하기도 했다. 이는 과학자들의 일반적인 사고이기도 하다. 과학의 특징 중 하나는 100퍼센트 확실할 때까지 확실하다고 말하지 않는 자세이다. 보편 법칙 universal law과 완벽을 추구하는 것인데, 과장과 자기 확신으로 가득 찬 섣부른 주장을 쉽게 볼 수 있는 오늘날 과학자들의 이러한 신념은 귀감이 될 만하다.

패러데이에 대한 재미있는 일화도 있다. 당시 영국의 수상이었던 윌리엄 글래드스턴 William Gladstone이 패러데이를 만나 "도대체 그것, 여기서 전기라고 하던데, 그것은 어디에 쓸모가 있는 것입니까?"라고 질문한 적이 있었다. 이 질문에 그는 "틀림없이 나중에 당신은 여기에 세금을 부과할 수 있을 것입니다."라고 답했다고 한다. 당시 명확하지 않았던 전기의 정체와 전기 문명의 발전 가능성에도 불구하고, 그가 지니고 있던 과학자이자 발명가로서의 이러한 직관은 참으로 뛰어난 것이 아닐 수 없다.

과학자와 과학교육의 특징

지금까지 '과학자, 그들은 누구인가?'라는 질문으로 시작해 패러데이라는 과학자에 대해 살펴보았다. 한 명의 과학자를 통해 전체 과학자의 모습을 드러낼 수는 없다. 과학의 영역은 엄청나게 넓을 뿐 아니라 시대에 따라 그들의 역할과 행동 양식도 달라지기 때문이다. 그럼에도 패러데이의 일생을 통해 부분적으로나마 과학 및 과학자의 특징에 대해 알 수 있으며, 이를 바탕으로 그의 사례가 과학교육에 주는 몇 가지 시사점을 찾을 수 있다.

첫째, 수학은 과학의 중요한 도구이지만 결정적인 요인은 아니다. 우리는 흔히 과학을 잘하기 위해서는 수학을 잘해야 한다고 생각하고, 수학에 자신이 없으면 그때부터 과학 자체를 멀리하며 이른바 '수포자'나 '과포자'가 되는 경우가 많다. 하지만 전혀 그럴 필요가 없다. 패러데이는 교회의 주말 학교에 다니면서 읽기와 쓰기의 기초를 겨우 습득하는 수준의 교육을 받았고, 심오한 수학적 기법을 알지 못해 자신의 연구 결과를 수학화하지도 못했다. 전자기유도에 대한 패러데이의 발견은 한 세대 이후 맥스웰에 의해 방정식 형태로 정리되었다. 뛰어난 수학 실력은 과학 공부를 위한 필수 조건이 아니다. 더불어 과학은 혼자 하는 것이 아니며, 각자의 능력과 경험이 어우러지는 과정 속에서 발전한다.

둘째, 과학의 목표는 자연법칙을 찾는 것이고, 이때 가장 중요한 활동은 바로 실험이다. 자연을 이해하려는 과학자들의 노력은 자연현상에 대한 세심한 관찰과 실험을 통한 데이터의 축적으로 이루어진다. 이를 통해 자연의 규칙을 찾아내고 그 규칙을 설명하는 법칙과 이론을 구상하는 것이다. 다시 말해 과학에서는 자연과의 만남, 교감, 상호작용이 중요하며 그 출발점이자 핵심 과정이 바로 실험이다. 상대적으로 논리적 사고에 집중하는 수학과의 근본적인 차이점이다.

셋째, 과학을 하는 데에도 애정과 열정, 집념이 필요하다. 과학을 잘하기 위해서는 당연히 어느 정도 머리가 좋아야 하겠지만 그것만으로는 충분하지 않다. 세상 모든 일이 그렇듯이, 과학을 공부하고 연구하는 길에서는 다양한 어려움과 마주칠 수밖에 없다. 그 어려움을 극복하려면 차가운 머리만으로는 부족하다. 열정과 집념 그리고 용기와 끈기를 품은 뜨거운 가슴도 대단히 중요한 것이다. 과학을 공부해 과학자가 되고 공학자가 되는 일은 '빨리'가 아닌 '멀리' 가는 길이다.

마지막으로, 패러데이의 크리스마스 과학 강연에서 보았듯이 과학자에게도 대중과의 소통이 매우 중요하다. 실험실과 연구실에만 머물지 않고 대중에게 과학이 무엇이며 과학의 즐거움과 유용성, 가치가 무엇인지를 알려 줄 수 있어야 한다. 패러데이가 활동하던 19세기에도 그랬지만 기후 위기와 인공지능으로 대표되는 21세기에는 더욱 그러하다. 때로 과학자는 과학기술의 한계와 위험성에 대해서도 경고할 수 있어야 한다. 인류의 안녕과 안전한 미래 사회를 준비하는 것은 과학자의 진정한 역할이기 때문이다.

과학은 어떻게 발전하는가?

2장에서는 마이클 패러데이가 활약한 지점들을 중심으로 그의 등장 이전과 이후에 과학이 어떤 모습으로 발전해 왔는지를 따라가 보고자 한다. 이러한 역사적 고찰을 통해 과학의 주요 특징을 추가적으로 살펴볼 것이다.

2,000년에 걸친 과학 개념의 발달

1장에서는 대표적인 과학자로 마이클 패러데이를 선정해 그가 어떤 시대적 배경 속에서 성장하고 과학자로서 무슨 활동을 했으며 이후 과학 발전에 어떤 영향을 미쳤는지를 살펴보았다. 물리학자, 화학자, 발명가 그리고 과학 커뮤니케이터로서 그의 모습은 과학의 다양한 측면을 이해하는 데 많은 도움이 되었을 것이다.

하지만 그의 사례는 과학 발전의 전반적인 모습을 보여 주기에 턱없이 부족하다. 그렇다고 '과학은 어떻게 발전했는가?'라는 질문에 답하기 위해 여기서 과학사 전체를 살펴보는 것도 불가능하다. 이에 2장에서는 패러데이가 활약했던 몇 가지 측면을 중심으로 그의 이전과 이후 시기에 과학이 어떻게 발전했는지 살펴봄으로써 과학 발전의 과정을 전반적으로 이해해 보고자 한다.

먼저 패러데이가 많은 공헌을 했던 과학 개념들이 역사적으로 어떻게 변해 왔는지 살펴볼 것이다. 특히 그의 핵심적인 과학 업적인 전자기유도와 관련된 전기 및 자기라는 두 개념이 어떻게 발전해 왔는지 알아보자.

BC 600년경, 고대 그리스의 자연철학자 탈레스Thales는 호박석(소나무 등의 수액이 화석화되어 만들어진 보석의 일종)에 털을 문지르면 작은 물체를 끌어당길 수 있게 되는 마찰전기 현상을 발견했다. 오늘날 전기, 전자 등의 개념은 호박석을 뜻하는 그리스어 ἤλεκτρον(엘렉트론)과 라틴어 electrum에서 유래된 것이다. 모든 물체의 원자는 (+) 전하를 띤 원자핵과 (-) 전하를 띤 전자로 구성되는데, 보통은 (+) 전하와 (-) 전하의 양이 같아서 전체적으로 전기를 띠지 않는다. 그런데 호박석에 털을 문지르면 털에 있던 전자가 호박석으로 이동해 호박석은 (-) 전하로, 털은 (+) 전하로 대전된다. 이를 마찰전기의 발생이라고 하며, (+) 전하와 (-) 전하 사이에는 서로 끌어당기는 전기력이 작용한다.

자기 현상은 기원전 2세기 동양의 고대부터 알려져 있던 현상이다. 자성磁性을 띠는 철광석의 일종인 자철석은 자유롭게 움직일 수 있도록 두면 언제나 같은 방향을 가리킨다. 중국인들은 이러한 사실을 발견하고 이를 이용해 나침반을 만들어 풍수지리적 목적으로 사용하다가, 11세기 송나라 때는 항해용으로 사용하기 시작했다. 이후 나침반은 아랍을 거쳐 13세기에 유럽에 전파되었다. 17세기에 이르러 영국의 과학자 윌리엄 길버트William Gilbert는 『자석, 자성체, 거대한 자석 지구에 관하여On the magnet, magnetic bodies also, and on the great magnet the earth』라는 책을 출간했다. 나침반의 움직임은 지구 자체의 자기 현상과 관련된다는 내용으로, 자석이 항상 일정한 방향을 가리키는 이유는 지구도 하나의 커다란 자석이기 때문이라는 것이다.

1800년이 되면 전압의 단위인 볼트(V)의 주인공 이탈리아 과학자 알레산드로 볼타Alessandro Volta가 화학전지를 발명한다. 이후 19세기 동안에는 전기와 관련된 여러 가지 중요한 발견이 이루어진다. 특히 1820년에는 덴마크의 한스 외르스테드Hans C. Ørested가 전류가 흐르는 전선 주위에 자기장이 만들어진다는 것을 발견했고, 프랑스의 앙드레 마리 앙페르André-Marie Ampère가 전류와 자기장의 관계를 규명해 앙페르의 법칙을 발견했다. 전류의 단위로 사용하는 암페어(A)는 앙페르의 이름에서 유래한 것이다. 이어서 1826년에는 전기회로에서의 전류, 전압, 저항의 관계를 나타내는 옴Ohm의 법칙이, 1831년에는 전자기유도에 대한 패러데이의 법칙이 발견되었다.

하지만 이미 언급한 대로 전자기유도 현상의 발견자였던 패러데이는 수학적 훈련의 부족으로 인해 이를 수식으로 정교화하지는

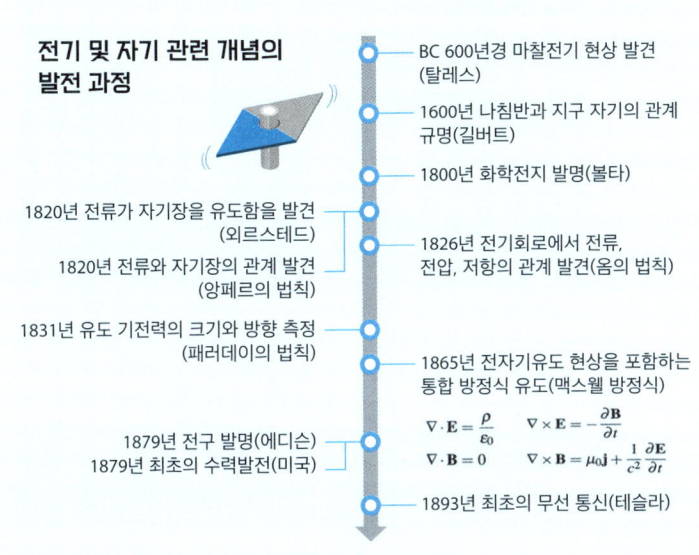

못했다. 그후 30여 년의 시간이 흘러 1865년 영국의 제임스 맥스웰이 전자기유도 현상을 포함하는 맥스웰 방정식을 유도했다. 맥스웰 방정식은 전기(E)와 자기(B) 그리고 빛의 속도(c)의 관계를 포괄하는 네 개의 방정식으로, 지금까지도 물리학자들로부터 가장 아름다운 물리학 식으로 칭송받는다. 즉, 패러데이가 발견한 전자기유도 현상은 한 세대가 흐른 뒤 맥스웰 방정식으로 재탄생한 것이다.

한편, 1879년에는 미국의 발명가 겸 사업가였던 토머스 에디슨 Thomas Edison이 전구를 발명했고 20세기 전기 문명을 이끌 수력발전을 처음으로 시도했다. 패러데이가 발견한 전자기유도 현상은 수력

발전으로 전기를 생산하는 원리가 되었으며, 이는 다시 화력발전과 원자력발전 등 모든 전기 생산의 기본 원리로 자리 잡았다. 전자기유도 현상이 전구와 발전기 기술로 이어져 20세기 전기 문명이 꽃피는 바탕이 된 것이다. 1893년에는 에디슨과의 전류 전쟁 Current War 으로 유명한 물리학자 겸 전기공학자인 니콜라 테슬라 Nikola Tesla 가 교류를 사용한 유도 전동기, 테슬라 코일, 최초의 무선통신 기술을 발견하는 것으로 그 흐름이 이어진다.

요약하자면 전기와 자기에 대한 인류의 이해는 고대에서 시작되었으며, 이후 오랜 시간에 걸쳐 조금씩 발전을 이어오다 19세기와 20세기를 지나면서 급속히 발전했다. 그리고 2,000년에 걸친 발전의 역사 속에는 패러데이라는 과학자가 있었다. 그의 업적은 이전의 여러 과학자들의 발견과 성과에 기초하며, 또 이후의 또 다른 여러 과학자, 공학자, 발명가들에 의해 발전되고 응용되면서 20세기 전기 문명을 이끌었다. 과학적 발전은 결코 한두 명의 위대한 과학자에 의해 만들어지는 것이 아니다.

과학자의 소통 창구

패러데이의 사례에서 살펴볼 두 번째 측면은 과학자들의 소통 창구이다. 1장에서 언급했던 왕립연구소를 기억할 것이다. 1799년 설립된 영국 최초의 과학 전문 연구기관으로, 이곳에서 일하는 사람들은 전업 과학자였다. 영국에는 왕립연구소 외에도 1660년 국왕 찰스 2세에 의해 공인된 오랜 역사를 지닌 왕립학회가 있는데, 이곳은 설립 이후 현재까지 영국을 대표하는 최고 권위의 과학 단체이다. 하지만 왕립학회는 왕립연구소와 성격이 사뭇 달랐다. 왕립학회는 설립 초기 자연에 대한 탐구에 관심이 많았던, 당시 표현으로 자연철학자natural philosopher들이 모여서 서로 정보와 성과를 발표하고 공유하는, 아마추어 과학자들로 구성된 집단이었다. 물리학자 아이작 뉴턴, 천문학자 에드먼드 핼리Edmond Halley, 생물학자 찰스 다윈과 패러데이 등이 여기에서 활동했다. 아마추어 과학자들의 사교 클럽 같은 단체만으로는 급속한 과학 발전을 이루기 어렵다는 판단 아래 전문 과학자들이 모여서 일할 수 있는 왕립연구소가 설립되었던 것이다.

세계 최초의 과학 학회는 1603년 이탈리아에서 설립된 린네학회이다. 당시 이탈리아는 레오나르도 다빈치Leonardo da Vinci, 갈릴레오 갈릴레이Galileo Galilei 등이 활발하게 활동하며 르네상스가 꽃피고 근대 과학이 시작되었던 당대 최고의 선진국이었다. 이후 프랑스에서는 1666년 또 하나의 중요한 과학 단체가 만들어지는데, 바로 루이 14세에 의해 설립된 프랑스 과학아카데미French Academy of Sciences였다. 프랑스 과학아카데미는 영국 왕립학회와 다르게 정부 소속의 기관이었다. 엄격한 경쟁을 통해 소수 인원만을 선발하는 시스템을 갖추었으며, 충분한 대우와 함께 전문적으로 과학을 연구할 수 있는 여건을 마련해 주었다. 프랑스의 사례는 이후 유럽 각국에 과학 아카데미가 설립되는 계기가 되었을 뿐 아니라 오늘날 전 세계 과학 한림원의 뿌리가 되었다. 패러데이가 일했던 왕립연구소도 마찬가지로 프랑스의 시스템을 벤치마킹했다.

한편 왕립학회와 왕립연구소에 이어 영국에서는 1831년 또 하나의 과학자 단체가 만들어졌는데, 현재는 BSA(British Science Association)로 불리는 영국과학진흥협회(British Association for the Advancement of Science, BAAS)이다. 이곳은 왕립학회 및 왕립연구소와는 또 다른 성격의 기관으로, 과학과 대중을 연결하는 역할 이외에도 과학 발전과 진흥을 위한 국가의 효율적인 제도적·사회적 기반을 조성하는 것에 초점이 있다. 1848년에는 미국에도 미국과학진흥협회(American Association for the Advancement of Science, AAAS)가 세워졌다. BSA와 AAAS 모두 현존하는 기관으로, 과학 발전을 위한 국가적 환경을 조성하는 데 많은 역할을 수행 중이다.

과학 단체의 설립과 함께, 19세기에는 과학 발전을 위한 또 하나의 중요한 계기가 마련되었다. 바로 과학 학술지의 출판이다. 19세기 중반 영국에서는 여러 과학 전문 학술지가 창간되었으나 꾸준히 이어지지 못했다. 그러던 중 1869년 천문학자 조지프 로키어Joseph Lockyer가 『네이처Nature』를 창간했고, 1880년에는 미국과학진흥협회가 『사이언스Science』를 출판하기 시작했다. 두 학술지 모두 초창기에는 소식지 역할을 하며 과학을 소개하고 과학 관련 토론과 논쟁이

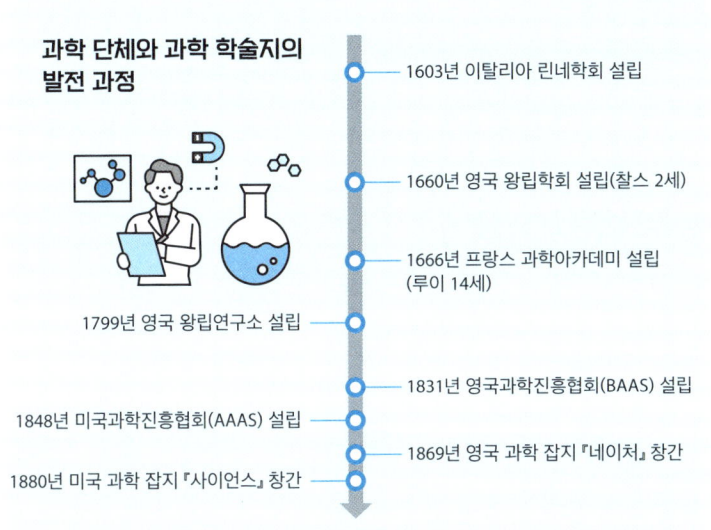

진행되는 성격을 띠다가, 20세기에 들어오면서 새로운 과학적 발견을 논문 형식으로 발표하는 곳으로 자리 잡았다. 현재도 『네이처』와 『사이언스』는 세계에서 가장 권위 있는 과학 잡지이다. 뛰어난 연구 성과를 이룬 과학자는 누구나 이 두 잡지에 논문을 발표하고 싶어 하며, 이들 잡지에 논문이 실리면 그 내용의 수준과 성격에 따라 언론을 통해 대중에게 대대적으로 소개되기도 한다.

이렇듯 17세기 이후로는 보다 효과적인 과학 연구의 수행을 위해 과학자들의 공동체인 과학 기관이 만들어지고, 19세기 중후반에 이르러서는 과학적 발견과 성과를 공유하기 위한 과학 학술지가 창간되었다. 지금도 과학 단체와 과학 학술지는 과학자들의 소통 창구로 과학 발전의 결정적인 사회적 기반이 되고 있다.

과학과 대중의 만남

세 번째로 살펴볼 측면은 과학과 대중의 만남이다. 패러데이의 등장을 전후로 과학과 대중의 관계가 어떻게 변화했는지 살펴보자. 먼저, 지구와 우주의 모습(우주관)에 대한 인식에 큰 변화가 있었다. 1532년 니콜라우스 코페르니쿠스Nicolaus Copernicus가 지동설을 주장했으나 그 이후에도 천동설과 지동설 중 어느 것이 맞는지는 명확하게 밝혀지지 않았다. 그럼에도 이를 통해 우주의 중심이 인류가 아닐 수 있다는 인식의 변화가 일어났고, 우주관은 큰 전환점을 맞았다. 그 연장선에서 약 100년쯤 뒤인 1633년에는 갈릴레이의 종교재판이 열렸다. 종교재판은 지구와 우주 그리고 종교의 관계에 있어 또 하나의 중요한 사건이었다. 한편으로 우주는 어떤 모습이냐에 대한 문제를 제기하면서 다른 한편으로 과학과 종교, 과학과 권력의 관계를 질문하게 하는 역사적 이정표가 되었기 때문이다. 물론 이 사건의 진실과 배경에 대해서는 여전히 풀리지 않은 논쟁이 남아 있지만, 종교재판이 인류사의 커다란 전환점이 되었던 것은 사실이다.

과학과 대중의 만남이 이루어진 또 다른 사건은 프랑스 과학아

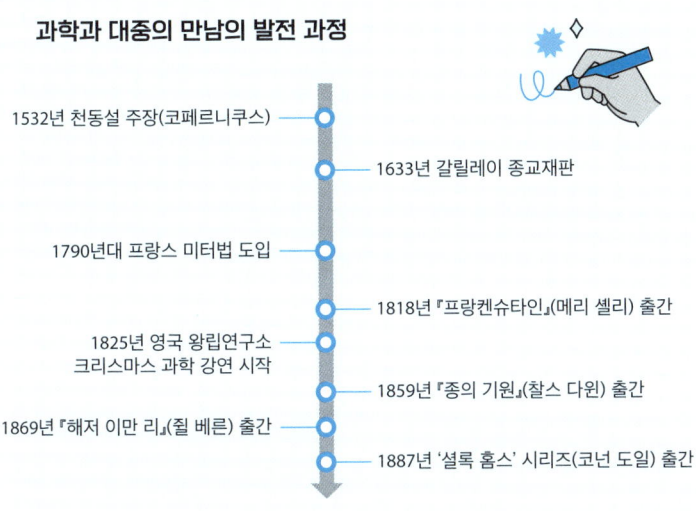

카데미의 미터법 도입이었다. 프랑스혁명 이후 과학자들은 새로운 통일 도량형을 도입함으로써 그동안 지역마다 다른 도량형을 사용하며 생긴 불합리와 불편을 해결하고자 했다. 혁명을 이끈 계몽사상가들은 모든 시대의 모든 사람을 아우르는 척도의 필요성을 인식하고 있었다. 1799년 프랑스 과학아카데미가 도입한 새로운 도량형은 '미터법'이라 불렸으며, 길이의 단위를 1미터로 규정했다. 1미터를 '지구 둘레의 4,000만분의 1, 즉 지구 지름의 4분의 1을 1,000만분의 1로 나눈 값으로 정의했던 것이다. 실제로 당시 지구 둘레를 재기 위해 파리로부터 일정 거리에 위치한 프랑스의 북쪽과 남쪽의 두 지점을 택해서 탐험대들이 그 길이를 실측하는 탐사가 진행되었다. 이는 삼각측정법을 연속적으로 사용하는 방식으로, 프랑스혁명의 여파 등 정치적인 문제와 사고로 인해 매우 어렵게 이어졌다. 1792년 시작된 원정대의 탐사는 1799년에 이르러 미터법이 국가표준제도로 공포되면서 마무리되었다.

한편, 1818년 『프랑켄슈타인』이라는 매우 특별한 소설이 발표되었다. 과학 발전이 가져올 수 있는 디스토피아를 그린 이 작품은 메리 셸리 Mary Shelley라는 18세의 어린 여성이 가명으로 출판한 것으로, 과학이 인간의 통제에서 벗어날 때 어떤 일이 벌어지는가에 대한 경각심을 불러일으키는 계기가 되었다. 산업혁명을 지나면서 과학기술은 눈부시게 발전했고 과학기술이 바꾸게 될 세상에 대한 기대와 두려움이 대중문화의 한 축으로 자리 잡았다. 1825년 패러데이의 크리스마스 과학 강연이 문을 열고 과학이 하나의 공연으로 대중에게 다가가기 시작한 것도 이즈음이다. 한편, 1859년에는 다윈의 『종의 기원』이 출판되어 생명의 진화와 창조에 대한 과학과 종교 사이의 논쟁이 서구 사회를 뒤흔들었다. 그 이후에도 『해저 이만 리』를 비롯해 우리가 잘 아는 '셜록 홈스' 시리즈 등 공상과학소설 및 탐정소설이 출간되면서 과학은 더욱 대중문화의 공간으로 확산되었다.

과학에 대한 큰 그림

지금까지 과학자 패러데이의 등장 전후를 중심으로 과학과 관련된 역사의 여러 변화 양상을 살펴보았다. 이처럼 과학이 인류 문명과 함께 어떻게 변화해 왔는가를 보여 주는 학문이 바로 '과학사'이다. 우리가 초중고등학교와 대학교 과학 과목에서 배우는 내용의 대부분이 사실 과학사이기도 하다. 학교에서 과학을 배울 때는 대개 역사적 순서를 따라 가는 경우가 많다. 특히 물리학처럼 학문의 역사가 긴 분야는 더욱 그러하다.

이러한 이유에서 과학사를 공부하는 것은 과학에 대한 큰 그림을 그리는 데 많은 도움이 된다. 하지만 등장인물이 많고 내용이 폭넓은 만큼 과학사를 본격적으로 공부하는 일은 상당히 어렵다. 다행히 고등학교 과정에는 이러한 내용을 배울 수 있는 과목인 〈과학사〉가 있다. (2022 개정 교육과정에서는 〈과학의 역사와 문화〉 과목으로 제공된다.) 과학사는 보통 고등학교 2-3학년 때 선택과목으로 개설되며, 그동안 공부했던 물리학, 화학, 생명과학, 지구과학의 핵심 내용이 어떤 역사 과정을 거쳐 발전해 왔고 당시 역사적 배경은 어떠했는가에 대한 큰 그림을 보여 준다. 물론, 수능에 출제되는 내용이 아니기 때문에 이 과목을 공부하는 학생이 많지는 않다. 하지만 과학기술적 소양과 인문학적 소양을 함께 기르고자 하는 학생들에게는 아주 적합한 과목이다. 21세기는 융합의 시대라 하지 않는가. 과학사야말로 과학에

과학사, 한국사, 세계사의 통합 연표 (송진웅 외, 2020)

서양 과학사

- B.C. 400년경 데모크리토스, 원자론
- B.C. 2세기 셀레우코스, 조수 현상과 달의 관계를 이론화
- B.C. 120년경 히파르쿠스, 세차운동 발견
- 150년경 프톨레마이오스, 지구 중심설 주장
- 1021 알하이삼, 『광학』
- 1088 볼로냐 대학 설립, 의학 교육 시작
- 1202 피보나치, 유럽에 아라비아 숫자 소개
- 1268 로저 베이컨, '실험과학' 용어 최초로 사용
- 14세기 뷔리당, 임페투스 이론 제안
- 1450 구텐베르크, 근대적 활자 고안
- 1483년경 레오나르도 다 빈치, 낙하산 발명
- 1489 최초의 +, - 부호 사용
- 1543 코페르니쿠스, 태양 중심설 발표
- 1545 카르다노, 삼차 방정식의 해법 발표
- 1583 갈릴레오, 진자의 등시성 발견

동양 과학사

- B.C. 365년경 중국 천문학자들, 목성의 위성 발견
- B.C. 165년경 중국에서 최초의 태양 흑점 기록
- 105 채륜, 제지술 발명
- 230년경 화타, 전신 마취법 발명
- 271 나침반 발명
- 458 최초의 0 기록
- 5세기 조충지, 『철술』에서 원주율 계산
- 647(?) 첨성대 건립
- 751년경 『무구정광대다라니경』 인쇄
- 850 화약 제조법 기록
- 1024 『고려사』에 태양의 흑점 관측 기록
- 1247 순우천문도 완성
- 1308 서운관 개설
- 1375 최무선, 화약 제조
- 1377 『직지심체요절』 간행
- 1395 천상열차분야지도 제작
- 1437 앙부일구 제작
- 1441 측우기 제작
- 1442 『칠정산』 편찬
- 1592 이순신, 거북선 건조
- 1593 이시진, 『본초강목』

한국사

- B.C. 238년경 동명왕, 부여 건국
- B.C. 57 박혁거세, 신라 건국
- B.C. 37 주몽, 고구려 건국
- B.C. 18 온조, 백제 건국
- 42 김수로, 가야 건국
- 372 고구려의 태학 설치
- 392 광개토대왕, 백제 침공
- 538 백제의 사비성 천도
- 612 살수 대첩
- 958 과거제도 시행
- 1135 묘청의 서경 천도 운동
- 1145 김부식, 『삼국사기』
- 1231 몽골 1차 침입
- 1251 팔만대장경 완성
- 1270 고려의 개경 환도
- 1285 일연, 『삼국유사』
- 1392 고려 멸망, 조선 건국
- 1420 집현전 설치
- 1446 훈민정음 반포
- 1506 중종반정
- 1559 임꺽정의 난
- 1592 임진왜란

정치·사상

- B.C. 403 중국 전국시대 돌입
- B.C. 221 진의 전국 통일, 만리장성 축조
- B.C. 27 로마 제정 수립
- 184 황건적의 난
- 395 로마 제국 동·서로 분열
- 476 서로마 제국 멸망
- 538 백제의 사비성 천도
- 618 당 건국
- 960 송 건국
- 1054 교회의 대분열
- 1096~1270 십자군 전쟁
- 1115 금 건국
- 1337~1453 프랑스와 영국의 백년전쟁
- 1368 명 건국
- 1405 정화의 원정
- 1438 잉카 제국 설립
- 1453 동로마 제국 멸망
- 1467 일본 전국 시대 돌입
- 1513 마키아벨리, 『군주론』
- 1517 루터, 종교개혁
- 1590 도요토미, 일본 통일

문화

- B.C. 432 파르테논 신전 완공
- B.C. 430년경 헤로도토스, 『역사』
- 80 로마 콜로세움 건축
- 405 도연명, 『귀거래사』
- 500년경 보에티우스, 『음악의 원리』
- 537 성 소피아 성당 건축
- 552 일본으로 불교 전파
- 1150 앙코르 와트 사원 건립
- 1273 아퀴나스, 『신학대전』
- 1320 단테, 『신곡』
- 1345 노트르담 성당 완공
- 1434 반 에이크, 『아르놀피니 부부의 초상』
- 1484 보티첼리, 『비너스의 탄생』
- 1580 몽테뉴, 『수상록』
- 1598 첫 번째 오페라 (페리의 『다프네』) 연주

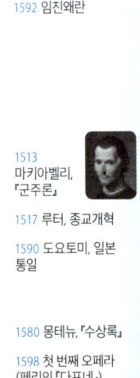

서울대 석학이 알려주는 자녀교육법 **과학**

- 1609-1619 케플러 법칙 발표
- 1614 네이피어, 로그 사용
- 1628 하비, 혈액 순환설 제안
- 1643 토리첼리, 수은 기압계 발명
- 1661 페르마의 원리
- 1662 보일 법칙 발견
- 1687 뉴턴, 『프린키피아』

- 1742 셀시우스, 온도계의 눈금 결정
- 1752 프랭클린, 번개의 본성 확인
- 1765 와트, 개량된 증기 기관 발명
- 1774 라부아지에, 질량 보존의 법칙 발견
- 1774 프리스틀리, 산소 발견
- 1781 허셜, 천왕성 발견
- 1787 샤를의 법칙

- 1803 돌턴의 원자설
- 1811 아보가드로의 분자설
- 1820 외르스테드, 전류의 자기 작용 발견
- 1843 줄, 열의 일당량 측정

- 1858 플뤼커, 음극선 발견
- 1859 다윈, 『종의 기원』
- 1865 케쿨레, 벤젠의 구조식 규명
- 1869 멘델레예프, 원소 주기율 발견
- 1884 르샤틀리에 원리 발견
- 1887 헤르츠, 광전 효과 발견
- 1898 퀴리 부부, 폴로늄과 라듐 발견

- 1906 하버, 공업적 암모니아 합성법 고안
- 1911 러더퍼드, 원자핵의 존재 확인
- 1912 베게너, 대륙 이동설 주장
- 1916 아인슈타인, 일반 상대성 이론 발표
- 1925 파울리, 배타원리 발표
- 1927 하이젠베르크, 불확정성의 원리 발표
- 1948 가모, 대폭발설 제안

- 1958 타운스, 레이저 발명
- 1965 펜지어스와 윌슨, 우주 배경 복사 발견
- 1986 뮐러와 베드노츠, 고온 초전도 현상 발견
- 1994 와일즈, 페르마의 마지막 정리 증명
- 1996 복제 양 돌리 탄생

- 2001 인간 유전체 지도 초안 출판
- 2012 힉스 보존 발견
- 2015 화성에서 액체 물의 흔적 발견
- 2016 중력파 검출

- 1601 마테오 리치, 북경 도착
- 1610 허준, 『동의보감』 편찬
- 1635 서광계, 『숭정역서』 편찬
- 1654 시헌력 시행

- 1750년대 네덜란드 학자들이 일본에 서양 과학 전파
- 1774 스기타 겐파쿠, 『해체신서』 번역

- 1805 하나오카 세이슈, 세계 최초의 전신마취 수술 집도

- 1861 김정호, 〈대동여지도〉 완성
- 1881 영선사 파견
- 1885 제중원 설립
- 1895 일본의 중공업 대규모로 발전

- 1924 김용관 등, 발명학회 설립
- 1933 『과학조선』 창간
- 1949 유가와, 일본인 최초로 노벨상 수상

- 1955 소니, 최초의 휴대용 트랜지스터 라디오 출시
- 1959 원자력연구소 설립
- 1966 KIST 설립
- 1968 포항종합제철 설립
- 1981 KAIST 설립

1600 — 1700 — 1800 — 1850 — 1900 — 1950 — 2000 — 2017

- 1636 병자호란
- 1653 하멜, 제주도 도착

- 1708 대동법 실시
- 1725 탕평책 실시
- 1781 정조의 규장각 이전

- 1818 정약용, 『목민심서』

- 1866 병인양요
- 1883 『한성순보』 발간

- 1905 을사조약
- 1919 임시정부 수립
- 1940 광복군 창설
- 1945 8.15 광복
- 1950 6.25전쟁 발발

- 1960 4.19 혁명
- 1961 5.16 군사정변
- 1988 서울 올림픽 개최
- 1996 OECD 가입
- 2000 6.15 남북 공동 선언 발표

- 2002 한·일 월드컵 개최

- 1600 동인도 회사 설립
- 1651 홉스, 『리바이어던』
- 1690 로크, 『인간오성론』

- 1762 루소, 『사회계약론』
- 1776 미국의 독립
- 1789-1794 프랑스 혁명

- 1804 나폴레옹 즉위
- 1825 영국에 세계 최초의 철도 건설
- 1840 아편 전쟁

- 1867 마르크스, 『자본론』
- 1868 일본 메이지 유신
- 1899 프로이트, 『꿈의 해석』

- 1914 제1차세계대전 발발
- 1929 미국 대공황
- 1945 일본에 원자 폭탄 투하

- 1957 소련의 스푸트니크호 발사
- 1966 중국 문화 혁명 시작
- 1992 소련 해체

- 1601 셰익스피어, 『햄릿』
- 1605 세르반테스, 『돈키호테』
- 1660 렘브란트, 〈자화상〉

- 1725 비발디, 〈사계〉
- 1726 스위프트, 『걸리버 여행기』
- 1749 바흐, 〈푸가의 기법〉

- 1822 슈베르트, 〈미완성 교향곡〉
- 1844 멘델스존, 〈바이올린 협주곡〉
- 1847 브론테, 『폭풍의 언덕』

- 1869 톨스토이, 『전쟁과 평화』
- 1893 드보르작, 〈신세계 교향곡〉

- 1908 쇤베르크의 첫 무조음악 발표
- 1917 뒤샹, 〈샘〉
- 1937 쇼스타코비치, 〈교향곡 제5번〉
- 1949 오웰, 『1984』

- 1964 비틀즈, 첫 미국 공연
- 1967 워홀, 〈마릴린 연작〉
- 1988 백남준, 〈다다익선〉

2장 과학은 어떻게 발전하는가?

대한 큰 그림을 공부하기에 매우 적합한 분야이므로 적극 추천한다.

과학사 교과서●는 총 일곱 단원으로 구성된다. (1) 과학과 과학사 (2) 고대와 중세의 과학 (3) 과학혁명 (4) 근대 과학 (5) 현대 과학 (6) 동양과 한국의 과학사 (7) 과학과 기술 그리고 사회이다. (1) 단원에서는 과학의 본성, 과학에 대한 철학적 접근, 과학사 연구의 방향 등 과학의 기본 특징을 개관한다. (2)-(5)단원에서는 고대 문명, 그리스 시대부터 20세기에 이르는 각 시대별 과학의 발전 과정을 과학 분야별 핵심 개념의 변화 및 과학과 사회의 관계에 따라 살펴본다. (6)단원은 비서구권, 즉 중국, 인도, 이슬람, 한국의 과학기술 역사를 개관한다. 마지막으로 (7)단원에서는 과학기술과 사회(Science, Technology, and Society, STS)의 관계 및 과학기술과 윤리 등에 대한 쟁점을 다룬다.

과학사 공부를 잘하기 위해서는 각 분야별 과학사(물리학사, 화학사, 생물학사, 지구과학사)를 잘 알아야 하고, 서양 이외에 다른 문화권의 과학사에 대해서도 아는 것이 중요하다. 또 이를 위해서 그 당시와 그 지역의 정치, 사회 및 문화예술은 어떠했는지 함께 아는 것도 필요하다. 이를 통해 자연스럽게 융합적·통합적 학습이 가능해질 것이다.

그런 관점에서 과학사 교과서에는 앞의 통합 연표를 포함한 다

● 송진웅 외, 『고등학교 과학사』, 대구광역시교육청, 2018.

양한 연표가 제시되어 있다. 과학의 학문 분야별(물리학, 화학, 생물학, 지구과학) 연표뿐 아니라 추가로 서양과학사, 동양과학사, 한국사, 정치사상, 문화 분야를 함께 보여 주는 통합 연표를 제공한다. 이를 통해 과학에서 중요한 발견과 사건이 일어났을 당시 세계사적으로 어떤 일이 일어나고 있었는지를 확인할 수 있다. 예를 들어 패러데이가 활동했던 1790년대부터 1860년대까지 벌어진 역사 사건을 살펴보자. 이 시기 서양과학사 분야에서는 존 돌턴 John Dalton 의 원자설, 아메데오 아보가드로 Amedeo Avogadro 의 분자설, 줄에 의한 열의 일당량 측정, 다윈의『종의 기원』 출판, 드미트리 멘델레예프 Dmitriy Mendeleev 의 원소 주기율 발견, 최초의 전신마취 수술 등이 있었다. 또한 정약용의『목민심서』 집필, 김정호의 〈대동여지도〉 완성, 나폴레옹 즉위, 아편 전쟁 등이 있었고, 프란츠 슈베르트 Franz Schubert 와 펠릭스 멘델스존 Felix Mendelssohn 등의 음악가 및『폭풍의 언덕』을 쓴 에밀리 브론테 Emily Brontë 등이 활동하던 시기이기도 했다.

거인의 어깨 위에서

지금까지 '과학은 어떻게 발전했는가?'라는 질문에 답하기 위해 19세기 영국의 과학자 패러데이가 활약하고 기여했던 과학 분야를 중심으로 그 이전과 이후의 역사가 전개된 과정을 살펴보았다. 과학의 주요 개념들은 1,000년 또는 2,000년의 긴 기간을 거쳐 발전했으며, 과학적 발견은 이후에 수학화 과정을 거치고 기술공학적 응용을 통해 인류의 문명 발전에 기여했다. 과학자들은 단체나 학술지 같은 공동의 활동 공간을 만들어 갔으며, 과학과 대중 그리고 사회의 관계는 점차 서로 긴밀해졌음을 알 수 있었다. 21세기에 들어오면서는 현대사회의 거의 모든 측면이 과학기술과 직간접적으로 깊이 연관되어 그 연결고리가 더욱 견고해지고 있다.

2장에서 살펴보았듯이 과학적 성취는 혼자 이루어 낼 수 없으며 앞선 수많은 과학자의 노력과 성과 위에서만 가능하고, 지금의 발견도 후대의 또 다른 발견과 문명 발전에 소중한 토대가 될 것이라는 점이 과학의 가장 큰 특징이다. 뉴턴의 유명한 말이 새삼 떠오르는 대목이다.

"만약 내가 멀리 보았다면, 그것은 내가 거인들의 어깨 위에서 있었기에 가능했던 것이다If I have seen further, it is by standing on the shoulders of giants."(아이작 뉴턴, 1675)

과학의 특징은 무엇인가?

3장에서는 과학이 구체적으로 어떤 특징을 지닌 학문인지 알아보는 데 초점을 맞춘다. 이를 위해 '과학적 탐구 과정'을 하나씩 따라가 보고, 과학을 보는 다양한 관점을 소개한다. 더불어 과학이 수학 및 공학과 어떻게 유사하고 다른지 살펴보겠다.

과학적 탐구

우리나라의 초중고등학교에서 반드시 배우는 '보통교과'라는 것이 있다. 보통교과에는 국어, 수학, 영어, 사회(역사·도덕 포함), 과학, 체육, 예술, 기술가정·정보·제2외국어·한문·교양 총 여덟 개 과목이 속한다. 이 중 국어, 영어, 수학은 이른바 기초 과목으로, 사회와 과학은 탐구 과목으로 분류된다. 과학의 인접 과목에는 수학과 기술(공학)이 있는데, 최근 많이 언급되는 STEM(Science, Technology, Engineering, and

Mathematics)은 소위 '이공계'를 대표하는 이 분야들을 함께 부르는 용어이다. STEM 분야들은 서로 공유하는 지점도 있지만, 각 분야만의 고유한 특징도 있다. 따라서 과학을 STEM의 나머지 분야들과 비교함으로써 과학이라는 학문 및 교과목이 지닌 특징을 더욱 분명하게 알 수 있을 것이다.

흔히 과학의 가장 큰 특징은 (혹은 과학교육의 가장 중요한 목표는) '과학적 사고scientific thinking'라고 한다. 논리적이고 합리적이며 비판적으로 생각하는 것이 과학에서 가장 중요하다는 뜻이다. 하지만 과학의 특징에는 이러한 사고적 측면뿐 아니라 행동과 실천으로 이어지는 과학적 실행scientific practice도 포함된다. 과학적으로 생각하지만 실행으로 옮겨지지 않는 과학, 혹은 과학적으로 생각하지 않으면서 실행만 하는 과학은 바람직하지도 않고 가능하지도 않기 때문이다.

과학적 사고 및 실행의 두 측면이 함께 적용되는 개념을 '과학적 탐구scientific inquiry'라고 한다. 과학적 탐구는 1960년대에 그 개념적 기초와 이론화가 이루어진 이래로 60년 이상이 지난 현재까지 과학교육의 가장 중요한 목표이자 핵심 요소로 자리 잡고 있다. 그렇다면 과학적 탐구란 무엇인가? 탐구의 본질과 방식에 대해 논하는 다양한 이론과 학자들이 존재하지만, 그 일반적인 단계는 다음과 같이 요약할 수 있겠다.

첫 번째는 '문제 발견finding problem' 단계로, 탐구하고자 하는 문제가 무엇인지를 인식하는 단계이다. 이러한 이유로 '문제 인식' 단계라 부르기도 한다. 내가 궁금해하는 것, 알고 싶은 것, 알아야 하는 것이 무엇인지 파악하는 작업이 가장 먼저 이루어져야 한다. 두 번째는 '가설 설정 making hypothesis' 단계이다. 즉, 발견된 문제와 관련해 '그것은 아마도 이런 이유에서 일어나는 것이 아닐까?'라고 잠정적인 설명, 즉 가설을 만드는 것이다. 가설을 세운 다음에는 그 가설이 맞는지 틀리는지 확인하는 절차가 요구되는데, 그 전에 먼저 가설 확인 과정을 설계해야 한다. 바로 세 번째 '탐구 설계 designing inquiry' 단계이다. 여기서는 어떤 변인들의 관계를 살펴볼 것인지, 또 그러한 관계를 알아보기 위해서 어떠한 실험 장치가 필요한지 등을 결정한다. 네 번째로 탐구 설계에 따라 실제로 탐구를 실행하는 '탐구 수행 conducting inquiry' 단계를 거치게 된다. 과학자들은 기계를 작동하기도 하고, 망원경이나 현미경을 사용해 대상을 관찰하거나 거대한 실험 장비를 돌리기도 하면서 데이터를 얻는다. 다섯 번째 단계에서는 이렇게 얻어진 데이터를 분석하고 해석해야 하는데, 데이터의 양과 종류에 따라 분석 및 해석의 방식과 범위가 달라질 수 있다. 이를 '자료 분석 analyzing data' 단계라 부른다. 자료 분석이 이루어지면, 이전에 세웠던 가설이 맞는지 틀리는지 확인하는 '결론 도출 drawing conclusion' 단계를 거치게 된다. 이를 통해서 일반화된 지식 주장 knowledge claim 을 얻게 되기 때문에 '일반화' 단계라 부르기도 한다.

과학적 탐구는 이러한 단계를 거치면서 진행되지만, 탐구의 각 단계에서 오류가 발견되거나 탐구 과정을 일부 수정·보완해야 하는

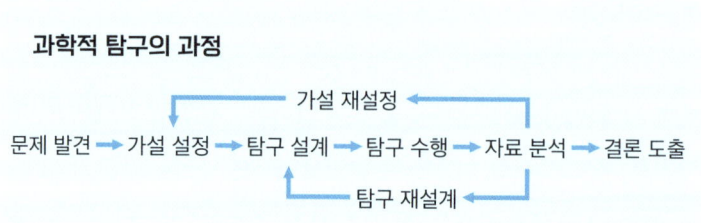

경우도 많이 있다. 예컨대 자료를 분석하는 과정에서 잘못된 데이터가 발견되거나 예상하지 못한 변수에 의한 영향이 확인되는 경우, 탐구 설계를 다시 해야 한다. 당초에 설정했던 가설 자체가 적합하지 않아서 다른 가설을 설정해야 하는 경우도 있다. 이처럼 과학적 탐구의 각 단계를 거치는 과정에서 일부 단계를 반복하게 될 수 있으나, 문제 발견에서 시작해 결론 도출에 이르는 전체 과정을 '과학적 탐구의 과정'이라고 부른다.

앞에서 과학적 사고와 과학적 실행의 측면에 대해 언급한 바 있다. 과학탐구의 일련의 과정 중에서 앞부분, 즉 '문제 발견', '가설 설정', '탐구 설계' 단계에서는 과학적 사고의 측면이 더 중요하게 작용하는 반면, 이후 '탐구 수행', '자료 분석' 단계에서는 '과학적 실행'의 측면이 더 활발하게 진행된다. 하지만 과학탐구 전 단계가 사고적 측면과 실행적 측면 중 어느 하나만을 중심으로 이루어지지는 않는다. 각 단계별 상대적 비중이 달라질 뿐 사고와 실행 모두 과학의 중요한 측면이기 때문이다.

한편, 과학적 탐구를 통해 도달한 결론 또한 수정될 수 있다. 과학에서 결론은 언제 다시 수정될지 모르는 잠정적 지위를 가진다. 세상의 어느 과학자도 자신이 열심히 탐구해 얻은 결론이 불변의 진리라고 믿지 않는다. 그래서 과학자들은 언제나 잠정적인 참tentative truth에 도달했다고 본다. 이처럼 겸손한 방식의 소통은 과학자들이 지녀야 할 가장 중요한 태도이기도 하다.

하나의 과학탐구 과정은 또 다른 과학탐구로 무한히 연결된다. 문제에 대한 결론이 도출되고 그 결론이 당분간 상당히 올바르다면, 이것과 연결되는 또 다른 가설이 세워진다. 그렇게 새로운 가설에 대한 탐구 설계와 탐구 수행 등의 과정이 뒤따르는 것이다. 이처럼 과학자 본인에 의해 혹은 다른 과학자에 의해 과학탐구는 무한히 이어지는 축적 과정을 거치고, 자연스럽게 무한한 연결과 수정 그리고 반복이라는 특징을 갖게 된다.

결과로서의 과학 vs 과정으로서의 과학

과학적 사고와 실행 이외에 과학을 보는 또 다른 관점으로 결과로서의 과학science as product과 과정으로서의 과학science as process이 있다. 두 관점은 과학교육을 바라보는 데서도 큰 차이를 보인다. 앞서 살펴본 과학적 탐구의 관점은 탐구라는 과정을 중심에 두지만 과학은 탐구를 통해 얻어진 지식, 즉 결과를 중심으로도 볼 수 있다.

먼저 '결과로서의 과학'을 보자. 과학의 지식 체계는 다른 학문의 지식 체계에 비해 매우 체계적이고 구조화되어 있다. 이 때문에 어지간해서는 과학 지식이 부정되는 경우가 없다. 과학의 지식 체계는 서로 관련이 있는 수많은 정교한 개념들이 상호의존적으로 연결되는 거대한 지식 덩어리의 모습을 띤다. 하지만 상당한 시간이 지나면서 기존의 지식 체계로는 설명할 수 없는 새로운 발견들이 등장하고, 이를 보다 잘 설명할 수 있는 새로운 개념들이 만들어지면 기존의 지식 체계가 바뀌기도 한다. 토머스 쿤Thomas Khun의 과학혁명scientific revolution과 패러다임paradigm은 이러한 과학의 지식 체계가 지닌 급격한 변화를 설명하는 개념에 해당한다. 그럼에도 과학의 지식 체계는 체계적이며 구조화되어 있고 매우 신뢰할 만한 것이라는 점 또한 사실이다. 이때 과학 지식의 특징 중 '내적 일관성'이 핵심이다. 이전의 이론과 개념은 새롭게 창안된 이론 및 개념과 논리적으로 연결되어야 하고 각 개념과 용어의 의미가 일관되어야 한다.

따라서 이러한 결과로서의 과학(혹은 성과 중심의 과학)의 입장에서는 과학교육의 핵심 목표를 과학의 지식 체계에 대한 정확한 이해와 이러한 이해를 바탕으로 주어진 문제를 풀이하고 해결하는 능력이라고 본다. '어렵고 복잡하며 이해하기 힘들다'는 과학에 대한 일반 인식은 이러한 관점과 깊이 연결되어 있다고 할 수 있다.

반면 '과정으로서의 과학'이라는 관점에서 핵심은 탐구라는 일련의 활동과 실행이다. 이때는 과학이 실행되는 과정이 중심이 되며, 과학교육의 주된 관심도 탐구를 얼마나 어떻게 수행하는지, 학생들이 과학탐구를 수행할 수 있는 능력을 갖추었는지 혹은 어떻게 향상할 수 있는지가 된다. 여기서는 관찰, 측정, 실험, 발표, 토론 등 탐구 과정과 관련된 일련의 활동을 익히고 습관화하는 것이 매우 중요하다.

과학에 대한 두 관점은 학교 과학교육의 두 가지 핵심축으로 기능해 왔다. 20세기 중후반 이후 과학교육에서는 '결과로서의 과학'에서 '과정으로서의 과학'으로 무게중심이 점차 이동 중이다. 특히 수능을 비롯한 지필 평가 중심의 과학교육이 결과로서의 과학을 강조하는 것이라면, 현재 학교에서 시행되는 다양한 수행평가 및 탐구 프로젝트 활동 등은 과정으로서의 과학을 강조하는 것이다. 결과로서의 과학에서 강조하는 지식 체계를 잘 이해하는 것은 매우 중요하지만, 그 자체만으로는 충분하지 않다는 사실을 아는 일 또한 중요하다.

과학의 일반적 인식

앞서 결과로서의 과학 대 과정으로서의 과학, 지식 중심의 과학 대 탐구 중심의 과학에 대해 살펴보았다. 이들은 서로 상반된 관점임에도 불구하고 과학이라는 학문을 관통하는 몇 가지 일반적인 특징을 공유한다.

먼저, 과학은 엄격한 약속에 기초한다. 과학의 지식 체계는 과학적 단위, 용어, 수식, 개념, 법칙, 이론 등으로 구성되며 이는 과학탐구의 수행과 새로운 지식 창출의 기초가 된다. 예컨대, 물리학의 가장 기본 개념인 '힘'은 '물체의 운동 상태 또는 모양을 변화시키는 작용'으로 정의된다. 이러한 힘의 과학적 정의는 스스로 움직이거나 다른 물건을 움직이게 하는 근육의 작용 또는 어떤 일을 할 수 있는 능력이나 역량을 뜻하는, 일상 대화에서 쓰이는 힘의 의미와는 다르다. 물리학적 힘을 표현하는 식은 $F=ma=m\frac{dv}{dt}$이다. 이는 물체에 가해지는 힘의 크기가 그 물체의 질량(m)과 가속도(a)의 곱으로 나타난다는 뜻이다. 그리고 가속도는 다시 $a=\frac{dv}{dt}$, 즉 시간당 속도의 변화율로 정의된다. 다시 말해, 과학의 모든 개념은 엄밀한 약속과 정의의 네트워크 속에서 의미를 부여받고, 과학의 모든 지식과 활동 역시 개념적 약속에 기초해 이루어진다는 특징을 가진다.

과학의 또 다른 일반 특징은 데이터와 증거에 기초한다는 것이다. 과학적 주장이 제기되면 그 주장의 사실 여부를 판단하는 과정에서는 항상 데이터와 증거가 핵심이 된다. 데이터와 증거에 기반하기 때문에 과학의 주장은 상당한 객관성과 합리성이 확보된다. 사람들이 과학에 신뢰를 부여하는 이유도 바로 여기에 있다. 과학적 주장은 사람의 믿음이나 신념, 추측에 기초하지 않으며, 그 주장이 데이터와 실험 결과로 확인될 때 비로소 가치를 갖게 되는 것이다.

또한 데이터와 증거는 적당히 모으는 것이 아니라, 유의미한 수준이 될 때까지 반복해서 수집해야 한다. 그렇다고 해서 데이터를 무한히 수집할 수는 없다. 예를 들어 막대그래프가 제시될 때 그 데이터의 평균값뿐만 아니라 데이터가 얼마나 분산되어 있는지 알 수 있도록 분산의 정도까지 함께 표시하는 경우가 대부분이다. 과학에서는 이렇게 데이터를 통계적으로 분석하며, 그 데이터에는 항상 오차와 불확실성이 존재한다. 이는 언론에서 여론조사를 실시한 뒤 오차범위를 함께 보여 주는 것과 같은 이치이다. 과학에서는 오차범위와 불확실성을 매우 분명하게 제시하고 이러한 특징은 과학에 대한 신뢰의 기초가 된다. 이렇게 할 때 비로소 과학적 예측과 판단의 정확성을 추구할 수 있다.

과학 지식은 구조적이라는 특징도 가진다. 앞에서 과학 지식에는 내적 일관성이 있다고 했다. 구조적인 과학 지식에는 순서가 존재하므로 그 개념적 순서를 따라 학습하는 것이 효과적이다. 하나의 개념을 이해하기 위해서는 연결되는 다른 개념들을 함께 이해해야 하는데, 이는 특정 개념에 선행하는 개념과 후행하는 개념이 존재하기 때문이다. 예컨대, 앞에서 말한 힘은 물체의 가속도 개념에, 가속도는 속도의 개념에, 속도는 변위(위치의 변화)의 개념에 기초한다. 이렇듯 과학의 지식과 개념은 구조화된 순서가 존재하기에 이에 맞춰 순차적으로 공부하는 것이 중요하다. 이러한 지식의 구조적 특징은 수학 교과와 매우 유사하지만, 언어나 사회 분야와는 상당히 구별되는 점이다.

과학의 인식론적 특징

20세기를 지나면서 과학사, 과학철학, 과학사회학 등과 같은 과학 자체에 대한 학문 분야들(일명 '과학학')이 크게 발전했다. 과학학이 발전함으로써 전통적인 과학 인식에 많은 변화가 일어났다. 즉, 과학의 지식과 이론은 엄밀하고 객관적이며 체계적이고 합리적이므로 언제나 참truth이고 변하지 않는다는 인식에 변화가 생기기 시작한 것이다. 전통적인 과학관에 대한 이와 같은 비판적 관점도 과학이라는 과목을 보다 정확하게 이해하는 데 중요하다.

앞에서 보았듯이 과학탐구는 문제를 인식하고 이에 대한 잠정적인 답에 해당하는 가설을 설정하는 과정으로부터 출발하는데, 이 과정에는 상당한 창의력과 과학적 직관의 발휘가 필요하다. 창의력과 과학적 직관은 개인의 마음속에서 일어나는 심리적 과정으로서 정확하게 설명되지 않는다. 반면, 가설 설정 이후의 과정은 상대적으로 명확하며 객관적으로 분석되고 설명될 수 있다. 20세기 초에 칼 포퍼Karl Popper는 문제 발견 및 가설 설정 과정을 발견의 맥락the context of discovery, 그 이후의 과정을 정당화의 맥락the context of justification이라 부르고, 과학철학의 범위는 정당화의 맥락에 한정된다고 주장했다. 바꾸어 말하자면, 발견의 맥락 부분은 철학적 분석의 대상이 될 수 없으며, 우리가 잘 알지 못할뿐더러 알 수도 없다는 입장이다.

보통 과학에 대한 신뢰의 핵심은 객관적인 관찰에 기초한다. 하지만 과학에서의 관찰도 객관적이지 않을 수 있다는 것이 과학학의 입장이다. 이를 과학철학에서는 '관찰의 이론적재성'으로, 과학교육자들은 '이론의존성'이라 부르는데 영어로는 'theory-laden observation'이라 한다. 관찰도 그 관찰이 기초한 과학 이론에 바탕을 두며, 누가 어떤 이론·지식 체계를 갖고 있느냐에 따라 다르게 관찰될 수 있다는 것이다. 사실 관찰뿐만 아니라 탐구 설계, 실험 장치 제작, 데이터 해석 등도 마찬가지로 거대한 이론적 기반 위에서 이루어진다. 쿤이 말한 패러다임도 이러한 이론적 기반에 해당한다. 비록 과학이 높은 객관성과 합리성을 가진다고 하더라도 인식론적 측면에서 보면 과학에도 이러한 특징이 존재하는 것이다. 과학이라고 예외는 아니라는 뜻이다.

이러한 이유에서 과학 지식은 잠정적인 참tentative truth일 뿐이다. 지금까지의 탐구 결과로 알아낸 부분은 여기까지이지만, 나중에 이보다 더 정확하고 정밀한 관찰이 이루어지거나 그러한 관찰 자체를 해석하는 이론이 나올 수 있다. 예를 들면 뉴턴의 고전역학은 20세기에 들어와 상대성 이론과 양자역학에 의해 대체되었는데, 뉴턴의 역학은 이것들이 등장하기 전까지 잠정적인 참으로서의 위상을 가졌다. 우리는 이러한 점을 명확하게 인지하고 있어야 한다. 그래서 포퍼는 '과학은 결코 참에 도달하지 않지만 끊임없이 참에 가까워지고 있다'고 말했다. 과학은 절대 진리가 아니라는 점을 수용하면서도 점점 진리에 가까워지고 있다는 의미이다.

이러한 과학의 인식론적 특징은 과학에 대한 전통적인 신뢰와 객관성에 회의적 관점을 취하지만, 그렇다고 과학이 반객관적이고 비논리적이며 신뢰하기 어려운 대상이 되는 것은 아니다. 왜 그럴까? 이는 과학자 사회가 집합적으로 스스로의 오류를 발견하고 수정하는 내적 프로세스를 갖고 있기 때문이다. 과학자들은 자신이 연구한 내용과 과정을 매우 상세하고 검증 가능한 방식으로 공개한다. 학술대회의 발표를 거쳐 학술지의 논문을 통해, 또는 경쟁적인 검증 실험 등을 통해 동료 과학자들의 연구 결과를 상호 검증함으로써 과학자 집단의 사회적 합의social consensus에 도달하는 것이다.

앞에서 이야기한 과학의 일반적이고 인식론적인 특징들을 오늘날 많은 과학철학자와 과학교육자는 '과학의 본성Nature of Science'이라 부른다. 과학은 완벽하지 않고 언제나 변화 가능하며 결코 참에 도달했다고 말할 수 없지만, 과학자 사회의 사회적 합의 과정을 거치면서 합리적이고 신뢰할 수 있는 결론에 다다르는 것이다.

과학은 수학, 공학과 어떻게 다른가?

'STEM'은 과학, 기술, 공학, 수학 분야를 통칭하는 용어로, 우리말로 번역하면 '이공계'라고 할 수 있겠다. 현재 전 세계는 선진국과 개발도상국을 불문하고 STEM 교육을 강화하고 육성하기 위한 국가적 노력을 기울이는 중이다. 디지털 혁명에 따른 지식 생태계의 급변, 산업 및 노동시장의 움직임에 따라 STEM 분야의 인력을 확보하고 이들을 효율적으로 육성하기 위한 교육 혁신이 추진되고 있다. 이러한 움직임은 한편으로는 더 많은 학생이 STEM의 기초를 갖출 수 있도록 이에 필요한 교육의 시수와 양을 확보하기 위한 노력이고, 다른 한편으로는 과학, 기술, 공학, 수학의 경계를 허물어 이를 융합적으로 가르치고자 하는 노력이다. STEM 분야의 교육과정을 강화하고 이들 분야의 대학 정원을 늘리는 것은 전자에 해당하고, 고등학교에 문·이과 구분을 없애고 대학에서 다양한 (부)복수 전공이나 무전공을 확대하는 것은 후자에 해당한다. 최근 우리나라 초중고등학교에서 많이 언급되는 STEAM, 즉 융합교육은 STEM + A(Arts, 예술·문학)의 더욱 큰 통합을 의미한다.

STEM에서 기술과 공학 간의 차이는 과학이나 수학과의 차이보다는 작다. 일반적으로 공학은 디자인적 사고에 기초하며 문제 해결을 위해 기술을 활용하므로 좀 더 포괄적이고 높은 수준의 행위에 해당한다. 이에 여기서는 공학engineering으로 통칭해, 수학 및 과학과 비교해 보려고 한다.

먼저 '무엇을 대상으로 삼는가?'라는 측면에서 보면 수학은 논리 체계를 대상으로 기존의 논리 체계에 새로운 해석 가능성은 없는지, 새로운 논리 체계가 나타날 가능성은 없는지 등을 탐구한다. 과

수학, 과학, 공학의 비교

기준 \ 분야	수학	과학	공학
대상	논리 체계	자연현상	일상의 기술적 문제
출발점	공리, 가정	문제 발견	문제 정의
목표점	참인 명제	현상 이해	문제 해결
방법	추론	탐구	디자인
판단 기준	논리성	설명력	효율성

수학, 과학, 공학의 관계

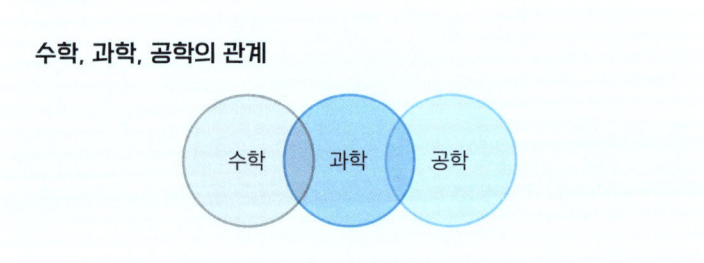

학의 탐구 대상은 자연현상이다. 왜 그런 현상이 발생하고 그 과정은 어떠한지 등을 탐구한다. 반면, 공학에서는 일상에서 접하는 기술적 문제에 초점을 맞춘다. 불편함, 비효율성, 어떤 도구의 필요성 등이 공학의 탐구 대상이다. 둘째로 출발점을 보자. 수학은 논리 체계를 분석하고 세우는 데 있어 공리나 가정에서 출발한다. 과학의 경우 문제 발견이나 인식이 탐구의 출발점이다. 하지만 공학은 문제 정의에서 출발한다. 예컨대 '여기까지가 문제야', '비용을 고려할 때 이 정도의 정밀성을 가져야 해'와 같은 판단이 굉장히 중요하다. 셋째, 목표점에 있어 수학은 논리적으로 참인 명제를 추구하는 것, 과학은 자연현상과 그 원인에 대한 이해를 탐구하는 것, 공학은 정의된 문제를 해결하는 것이 주요 과제이다. 넷째, 방법론 측면에서 볼 때 수학은 수학적 추론을, 과학은 탐구를, 공학은 소위 공학적 디자인의 과정을 거친다. 마지막으로 성공 여부의 판단 기준 측면에서 수학은 완벽한 논리성, 과학은 가설이나 이론의 현상에 대한 설명력, 공학은 문제해결의 효율성이 기준이 된다.

    이렇듯 세 학문에는 서로 연결되고 겹치는 부분이 존재하지만 분명한 차이도 보인다. 또한 수학, 과학, 공학 각 분야에는 매우 다양한 세부 분야가 존재하며, 어쩌면 집단 내 세부 분야 간의 차이가 집단 간 차이보다 더 클 수도 있다.

과학에는 어떤 분야가 있는가?

4장에서는 과학의 현재 모습에 초점을 맞춰 과학에 어떠한 분야가 속하는지 알아보겠다. 과학 전 분야를 여기서 다루기란 쉽지 않은 일이기에 이 책에서는 국내 사범대학에서 어떤 내용을 가르치고 배우는지를 중심으로 과학의 분야를 일별하는 방식을 택했다.

사범대학 과학교육 계열의 체제

지금까지 과학자는 어떤 사람인가, 과학은 역사적으로 어떻게 발전해 왔는가, 과학은 어떤 특징을 지닌 학문인가에 대해 알아보았다. 4장에서는 과학의 현재 모습을 중심으로 살펴보려고 한다. 하지만 과학의 모든 분야를 확인하고 각 분야에 대해 상세하게 설명하는 것은 현실적으로 불가능하다. 왜냐하면 과학은 지금 이 시점에도 끊임없이 분화하고 있으며, 동시에 과학의 서로 다른 분야들이 융합되고 있기 때문이다. 이 책이 자녀의 과학교육에 초점을 맞추고 있음을 고려해 사범대학에서 과학의 어떤 내용을 가르치고 배우는지를 중심으로 살펴보고자 한다. 사범대학은 과학교사를 효율적으로 양성하고자 꼭 배워야 할 과학 내용에 기초해 구성된 학과 체제, 교육과정, 교수진을 갖추고 있기 때문이다.

앞에서 살펴본 대로 초중고등학교에서 가르치고 배우는 교과의 측면에서 볼 때 과학에는 전통적으로 물리학, 화학, 생명과학, 지구과학이라는 네 분야가 있다. 물리, 화학, 생물, 지학이라고 부르던 시기도 있었지만, 각 공식 명칭은 시간이 지나면서 조금씩 바뀌어 왔다. 한때 물상(물리, 화학, 지학)과 생물로 크게 양분해 과학을 부르던 시기도 있었는데, 생명 현상을 다루는 생물학은 나머지 과학 분야들과 구분되는 특성을 지니기 때문이었다.

그렇다고 소위 '물·화·생·지'로 구분되는 학교 과학의 네 영역 체제가 전 세계에 통용되는 일반적인 구분 방식인 것은 아니다. 유럽을 비롯한 많은 나라에서는 과학을 물리학physics, 화학chemistry, 생명과학biology 세 분야로 구분하며, 대학입시도 이 세 과목을 중심으로 이루어지는 경우가 많다. 예컨대, 영국의 중등학교 졸업 시험인 GCSE의 세 가지 필수 과목 영어, 수학, 과학 중 과학에서는 물리학, 화학, 생물학 중 한 개 이상을 선택해야 한다.

반면 우리나라를 비롯한 동아시아 및 일부 태평양 연안의 국가에서는 지구과학이 하나의 독립된 과목으로 존재하는 경우가 많은 데, 이는 이들 지역에서 지구환경이 특히 중요한 사회적 관심사이기 때문이다. 지구과학이 독립된 과목이 아닌 국가에서는 지구과학 내용 중 천문학 및 지구물리학의 내용은 물리학, 지구의 역사와 시기별 지구환경의 변화는 생물학, 대기 및 해수의 순환 등은 지리학(특히 자연지리학)에서 다루는 경우가 많다.

물·화·생·지 이외에도 과학과 깊이 관련되는 분야들이 있다. 기술, 정보, 환경 등이 그에 해당한다. 이 분야들은 초중고 교육과정에서 별도의 교과목으로 구성되기도 하고, 그 내용 중 일부가 물·화·생·지에 녹아 들어가 있기도 하다. 하지만 전체적으로 우리나라의 과학 교과는 물·화·생·지라는 전통적인 네 과목으로 구분되며, 이에 따라 교육과정, 교과서, 담당 교사 등이 구성된다.

같은 이유에서 전국의 사범대학은 이 네 개의 전공이 개별 학과 또는 통합 학과의 체제를 갖추고 있다. 서울대학교의 경우 현재 학부 수준에서는 네 개 학과 체제(물리교육과, 화학교육과, 생물교육과, 지구과학교육과)로 존재하는데, 이를 두고 통합적이고 효율적인 운영을 위해 통합 학부(과) 체제로 변화할 필요가 있다는 주장도 꾸준히 제기되고 있다. 실제로 이 네 개 학부 학과가 대학원에서는 하나의 학과(과학교육과) 속 네 개의 전공 체제로 운영되고 있다.

한편, 교육부는 중등교사를 양성하는 과정에서 필수적으로 이수해야 하는 과목을 각 교과별로 제시한다. 다음은 과학 분야의 표시 과목별 '기본이수 과목'을 정리한 표이다. 과학에는 총 다섯 개의 표시 과목이 있는데, 여기에는 통합과학과 과학의 전통적인 네 분야가 속한다. 학교 교육과정에 따르면, 초등 3학년부터 중학교 3학년까지는 〈과학〉 과목이 있으며, 고등학교에서는 〈통합과학〉과 〈과학탐구실험〉 및 다양한 선택과목이 있다. 표시 과목 중 통합과학은 중학교

중등 과학교사 자격증 표시 과목별 기본이수 과목

표시 과목	기본이수 과목	비고
통합 과학	(1) 통합과학교육론(또는 과학교육론) (2) 일반물리학 및 실험, 전자기학, 현대물리학 (3) 일반화학 및 실험, 무기화학, 유기화학 (4) 일반생물학 및 실험, 세포학, 분자생물학 (5) 일반지구과학 및 실험, 지질학, 대기과학	(1)분야에서 1과목, (2)-(5)분야 중 각 분야에서 2과목 이상 이수(주 전공 표시과학 해당 분야 제외)
물리	물리교육론(또는 과학교육론), 역학, 양자역학, 전자기학, 열및통계물리, 파동및광학, 전산물리, 현대물리학, 물리교육실험	
화학	화학교육론(또는 과학교육론), 물리화학, 물리화학 실험, 유기화학, 유기화학 실험, 무기화학, 무기화학 실험, 분석화학, 분석화학 실험	
생물	생명과학교육론(또는 과학교육론), 세포학, 발생학, 식물생리학, 동물생리학, 유전학, 분류학, 생태학, 분자생물학, 미생물학, 생물화학	
지구 과학	지구과학교육론(또는 과학교육론), 지질학, 천문학, 대기과학, 해양학, 지구물리학, 지구환경과학, 자연재해와에너지자원	

출처: 교육부(2022), 『2021년도 교원자격검정 실무편람』, 부록 [별표3]

4장 과학에는 어떤 분야가 있는가?

및 고등학교 1학년 수준에서 제공되는 통합된 하나의 '과학'을 가르치는 데 필요한 자격증을 위한 것이다. 해당 표의 '기본이수 과목'은 각 표시 과목에 반드시 포함되어야 할 세부 과목들을 나열하고 있어서 물·화·생·지 각 과목에서 어떤 내용들을 중심적으로 배우는지 가늠하는 데 유용하다.

과학교육 계열의 세부 전공

앞 표의 기본이수 과목에 나열된 과학의 교과목별 과목과 서울대 사범대학 과학교육 계열 학과들의 소속 교수 전공을 중심으로 학과별 특징을 살펴보자. 이를 통해 과학 네 개 분야의 핵심 내용이 무엇인지 보다 간결하게 이해할 수 있으리라 기대한다.

먼저, '물리' 표시 과목의 기본이수 과목에는 물리교육론(또는 과학교육론)과 여덟 개의 전공 과목(역학, 양자역학, 전자기학, 열및통계물리, 파동및광학, 전산물리, 현대물리학, 물리교육실험)이 포함되어 있다. 이 중 역학, 양자역학, 전자기학은 물리학의 가장 기본 뼈대가 되는 핵심 영역이다. 열및통계물리, 파동및광학, 전산물리는 보다 세분화된 영역에 해당하며, 현대물리학은 고전물리학(즉, 역학 및 전자기학)을 제외한 나머지 영역의 물리학 발전을 개관하는 과목으로서 20세기의 물리학 발전에 대한 전반적인 내용을 종합적으로 담는다.

현재 서울대 물리교육과에는 여섯 명의 교수가 근무 중이다. 이 중 두 명은 물리교육학자, 두 명은 이론물리학자, 한 명은 실험물리학자, 또 한 명은 물리교육학자 겸 실험물리학자이다. 물리교육학을 전공하는 교수들은 물리학의 개념 및 탐구에 대한 교수 학습 관련 연구를 주로 수행하며, 물리(과학)교육의 문제를 과학사 및 과학철학적 관점에서 바라보는 연구도 많이 수행한다. 이론물리학자 중 한 명은 양자광학, 양자측정학, 양자컴퓨팅 분야를 연구하고, 다른 한 명은 통계물리학, 빅데이터, AI 기반 물리학을 연구한다. 이론물리학의 특성상 이들 연구의 대부분은 수학과 컴퓨터를 활용한 계산 및 모델링 작업에 집중되어 있다. 실험물리학을 하는 교수는 고체물리, 응집물리 전공자로서 반도체 등의 성능과 기능을 개선하기 위한 물질의 소재적 특성을 연구하며, 최근 은퇴하신 명예교수 한 분 또한 유사한 분야의 연구를 수행했을 뿐 아니라 과학영재교육에서 많은 연구와 실천을 한 바 있다. 물리교육과 실험물리학을 함께 전공하고 있는 교수의 경우 물리교육에 대한 평가 관련 연구와 음향학 연구를 병행한다. 이렇듯 물리교육과에는 이론물리학과 실험물리학, 물리학과 물리교육 등을 전공해 연구개발에 집중하는 전문가들이 혼재되어 있다.

'화학'의 기본이수 과목에는 화학교육론(또는 과학교육론) 이외에 네 개의 전공 내용 과목의 이론과 실험(즉, 물리화학, 물리화학 실험, 유기화학, 유기화학 실험, 무기화학, 무기화학 실험, 분석화학, 분석화학 실험)이 포함되어 있다. 다른 영역에 비해 실험 비중이 상대적으로 높음을 알 수 있다. 물리화학의 경우 물리학과 중첩되는 부분이 많으며, 유기화학은 생명과학과 중첩되는 등 물리학과 생명과학의 중간 영역에 해당하는 부분이 많이 포함된다. 이는 화학이 주로 분자와 원자 수준의 대상을 다루고 있어서, 원자 및 아원자 수준을 많이 다루는 물리학과 분자, 개체, 군집 수준의 생명현상을 다루는 생명과학의 중간 수준에 해당하는 경우가 많기 때문이다.

화학교육과의 경우 무기화학·배위화학 연구자, 유기광화학 및 화학교육의 두 전공 분야를 가진 연구자, 화학생물학 연구자, 분광학·나노과학 연구자, 광반응 연구자 등이 근무하고 있으며, 최근에 은퇴하신 명예교수로 분석화학·전기화학 연구자들이 있다. 화학교육과의 경우 각 전공 분야를 연구하는 실험실이 운영되며, 그중 일부는 과학교육·화학교육을 함께 연구한다.

'생물'의 기본이수과목에는 생물교육론(또는 과학교육론) 이외에 열 개의 전공 내용 과목(세포학, 발생학, 식물생리학, 동물생리학, 유전학, 분류학, 생태학, 분자생물학, 미생물학, 생물화학)이 포함된다. 다른 영역에 비해 전공 과목이 세분화되는 특징이 있는데, 이는 20세기 이후에 이루어진 생명과학 분야의 비약적인 발전과 급속한 세분화를 반영한다. 생물교육과에는 식물 및 습지 생태학 연구자, 분자세포생물학·DNA 연구자, 유전학·발생학 연구자, 세 명의 생물(과학)교육 연구자가 근무 중이다. 생물교육 연구자들 중에는 AI 및 빅데이터를 활용하는 교육

연구자 및 언어와 사회문화적 측면에서 과학교육을 고민하는 연구자도 있다.

마지막으로, 지구과학의 기본이수 과목에는 지구과학교육론(또는 과학교육론) 이외에 일곱 개 전공 내용 과목(지질학, 천문학, 대기과학, 해양학, 지구물리학, 지구환경과학, 자연재해와에너지자원)이 포함된다. 지구과학교육과에는 별과 행성의 탄생과 진화를 연구하는 전파천문학 연구자, 위성통신을 이용해 해양을 연구하는 물리해양학·위성해양학 연구자, 지구물리학·측지학 연구자, 운석을 분석해 우주 공간의 물질적·물리적 특성을 분석하는 운석 연구자 등이 근무 중이다. 최근 은퇴한 명예교수 중에는 천체물리학 전문가 및 지구과학·생태교육 전문가가 있다. 지구과학은 지구와 우주를 대상으로 하는 학문 영역으로서 물리학, 화학, 생물학을 다양하게 적용한 접근 방식으로 탐구하며, 지구 및 우주 관련 데이터의 성격상 매우 큰 규모의 데이터를 수집하고 분석해야 한다. 따라서 다른 영역에 비해 컴퓨터 및 소프트웨어 활용 능력이 많이 요구된다.

필자는 앞에서 언급한 그 어느 한 과학 분야를 깊이 연구한 전문가이거나 이들 간 차이를 정확하게 파악할 만한 식견을 지닌 사람은 아니다. 아마도 세상에 그런 사람은 거의 없으리라 짐작한다. 그럼에도 이러한 부분을 살펴봄으로써 물·화·생·지 각 분야를 다른 분야와 구별되게 하는 상대적 특징이 어느 정도 존재한다는 점은 가늠할 수 있다.

1장에서 과학을 공부하기 위해 꼭 수학을 잘할 필요는 없다는 주장을 한 바 있다. 고등학교까지의 과학 공부에서는 실제로 그러하다. 하지만 대학교 진학 이후에 물리학을 공부할 때는 수학을 정말 많이 사용한다. 고교 물리학 중 많은 부분이 상당 수준의 수학적 개념을 필요로 하지만 실제 계산 과정에서는 매우 간단한 계산이나 방정식 및 삼각함수만 활용한다. 하지만 대학교 이상의 물리학에서는 수학적 이해와 계산 능력이 결정적으로 중요하다. 한편 화학의 경우 학문적 특성상 정밀한 실험과 측정, 계산 등이 필요하고 화학 실험 활동에 대한 적성과 태도도 매우 중요하다. 생물학의 경우 실험실은 물론 실험실 밖에서의 관찰, 채집 등도 상당히 자주 이루어진다. 지구과학 분야에서는 기본적으로 빅데이터를 많이 분석하며, 상당한 컴퓨터의 활용 능력이 요구된다. 물론 오늘날 물리학이나 지구과학이 빅데이터 활용과 코딩 능력 등을 비교적 많이 요구하지만, 생물학이나 화학 역시 거대 데이터 세트를 활용해 연구하는 것은 마찬가지이다. 이는 현대과학이 지닌 매우 보편적인 트렌드이다.

　앞에서 언급한 대로 원자 및 분자 수준에서는 물리학과 화학의 탐구 영역이 겹치고, 분자와 그 이상의 수준에서는 화학과 생물학에 서로 겹치는 부분이 많다. 지구과학은 각 영역별로 물리학, 화학, 생물학 등의 개념과 지식을 적용해 주변의 현상과 환경을 연구하기 때문에 다른 과학 분야의 개념과 기법을 자주 사용한다. 그러므로 과학을 공부할 때 각 학문 분야를 넘나드는 융합적 탐구력과 문제 해결

능력을 갖추는 것이 매우 중요하다.

물·화·생·지의 관계

3장 마지막 부분에서 수학, 과학, 공학의 관계를 다이어그램으로 제시한 바 있다. 과학을 중심으로 한쪽에는 수학이 상당 부분을 공유하면서 위치하고, 다른 한쪽에는 공학이 다시 과학과 상당 부분을 공유하면서 위치하는 모습이었다. 물론 이러한 표현은 세 학문 분야의 특징을 매우 추상적 수준에서 보여 준 것이다. 또한 3장에서는 수학-과학 그리고 과학-공학 사이에만 공유하는 부분이 있다고 묘사했는데, 사실 공학의 일부는 (당연히) 수학과 직접 연결된다. 예컨대 컴퓨터, 인공지능 등의 분야가 그에 해당할 것이다. 또한 추가적인 고민이 필요한 부분은 수학, 과학, 공학의 범위(즉, 다이어그램의 크기)이다. (수학을 과학의 일부로 보는 관점도 가능하겠지만) 수학에 비해 과학은 그 범위가 훨씬 넓고 다양하다. 더불어 현대사회에서 공학의 범위는 급속한 기술 및 산업의 발전에 힘입어 과거와 비교할 수 없을 정도로 확장되고 있다. 따라서 수학, 과학, 공학이 동시에 겹치는 부분이 생길 수 있으며, 각 분야의 범위는 공학 > 과학 > 수학 순으로 표현할 수 있겠다.

그렇다면 4장 앞부분에서 살펴보았던 물·화·생·지의 관계는 어

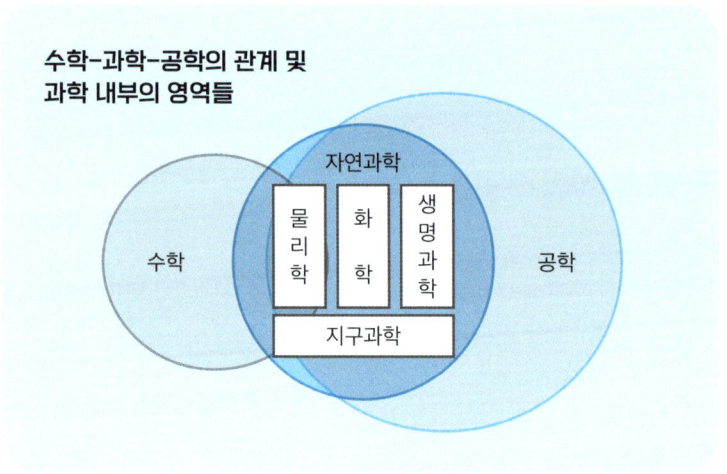

떠한가? 먼저 지구과학은 그 학문적 특성상 과학의 다른 분야와 모두 연계될 뿐 아니라 각각을 포함할 수 있는 위치에 있다. 한편 수학과의 학문적 유사성·연계성을 고려한다면, 밀착도는 대체로 물리학 > 화학 > 생명과학 순이 된다. (물론 여기에도 예외는 있다. 예컨대 유전자 정보 분석 이후 크게 각광받는 생물통계학은 생명과학의 빅데이터를 취급하는 분야로 수학과 매우 깊이 연계되어 있다.)

모든 다이어그램이 그렇듯이, 여기서 제안하는 수학, 과학, 공학 그리고 과학 내부의 물리학, 화학, 생명과학, 지구과학의 관계는 단순화·추상화된 것이다. 3장에서 수학과 과학 그리고 공학은 그 목표와 방식 및 기준 등에 있어서 본질적인 차이가 존재한다고 말했다. 그럼에도 학문은 역사적 발전 과정을 거치면서 분화되고 확장되기 마련이므로 각 (세부) 영역들 사이에 중첩되는 부분은 계속해서 늘어나고 있다.

융합과 통합은 최근 STEM 교육의 가장 큰 특징이다. 전통적인 수학, 물리학, 화학, 생명과학, 지구과학을 어떤 방식으로 상호 연계해 제시할 것인지가 현재 학교 교육의 핵심 화두이기도 하다. 대학에서도 마찬가지이다. 예컨대 2009년 서울대에는 융합과학기술대학원(https://convergence.snu.ac.kr)이 설립되었고 응용바이오공학과, 지능정보융합학과, 분자의학및바이오제약학과, 수리정보과학과, 헬스케어융합학과라는 다섯 학과가 운영 중이다. 2024년에는 학부에도 첨단융합학부(https://snuti.ac.kr)가 설립되었으며 디지털헬스케어, 융합데이터과학, 지속가능기술, 차세대지능형반도체, 혁신신약 등 다섯 개 전공이 개설되었다. 대한민국의 대학 중에서 보수적인 축에 속하는 서울대에도 융합과 통합의 바람이 거세게 불고 있다.

5장 초중학교에서는 어떤 과학을 공부하는가?

앞서 과학자가 무슨 일을 하고, 과학은 어떤 발전 과정을 거치며, 과학의 일반적인 특징은 무엇인지 그리고 과학에는 어떤 분야들이 있는지 등을 살피며 과학에 대해 전반적으로 개관해 보았다. 그렇다면 실제로 학교에서 가르치고 배우는 과학의 내용은 어떠하며, 학교급별로 어떤 특징을 가지는가? 5장에서는 초등학교 및 중학교 수준의 과학과 교육과정에 대해 알아보자.

2022 과학과 교육과정

우리나라의 학교 교육은 '국가교육과정(이하 교육과정)'에 따라 이루어진다. 교육과정에 맞춰 교과서가 개발·심의되고, 그 교과서에 기반해 학교에서 교수 학습과 평가가 이루어지며, 교육과정의 구현을 위해 교사 수급 및 시설 기자재 준비를 계획한다. 즉, 국가 수준의 교육과정이 학교 교육의 기본 프레임에 해당하며 모든 학교 교육의 출발선이 된다.

교육과정은 보통 5-7년 주기로 개정되는데, 언제 개정된 교육과정인지를 표시하기 위해 명칭에 개정 연도를 함께 표시한다. 예를 들어, 2024년 초등학교부터 순차적으로 적용되는 새 교육과정은 2022년 말에 공포된 것으로 통상 '2022 개정 교육과정' 혹은 줄여서 '2022 교육과정'이라 부른다. 직전의 교육과정은 2015 교육과정이며, 이는 2022 교육과정이 적용되기 전까지 각급 학교에서 적용되었다. 그리고 각 개정 교육과정에서 과학과 관련된 내용을 다루는 부분을 '과학과 교육과정'이라 부른다. 한편 우리나라의 각 개정 교육과정에 대한 상세 내용과 외국의 교육과정 등에 대한 방대한 자료는 '국가교육과정정보센터(National Curriculum Information Center, NCIC)'(http://ncic.re.kr)에서 확인할 수 있다. 자녀가 학교에서 배우는 교육 내용을 확인하는 데 유용한 누리집이다.

2022 교육과정은 2024학년도부터 초등 1-2학년, 2025학년도에는 초등 3-4학년과 중 1 및 고 1, 2026학년도에는 초등 5-6학년, 중 2, 고 2, 그리고 2027학년도에는 모든 학년에 적용될 예정이다. 또한 2023년 12월 발표된 교육부의 새로운 2028 대입제도 개편안은 2022 교육과정을 적용받는 고 3 학생들이 처음으로 응시하게 되는 대학입시 및 수능 체제에 해당한다.

2022 과학과 교육과정에 대해 구체적으로 살펴보자. '과학과'의 '과'는 교과를 지칭하는 것으로서 '수학과 교육과정', '영어과 교육과

정'과 같이 쓰인다. 교육과정에서 과학과는 초등학교 3학년에서 고등학교 3학년까지의 과학 과목들에 해당한다. 이 중 초등학교 3학년부터 중학교 3학년까지는 〈과학〉이라는 과목명으로 개설된다. 고등학교에서는 고교학점제에 따라 다양한 과목명으로 공통 과목 및 선택 과목이 개설되는데, 이에 대해서는 6장에서 설명하겠다. 한편 초등 1-2학년에는 활동 중심의 통합 교육과정이 운영되며 소위 '바슬즐' 세 교과(〈바른 생활〉, 〈슬기로운 생활〉, 〈즐거운 생활〉) 및 〈우리들은 1학년〉의 네 교과로 구성된다.

슬기로운 생활은 네 개의 큰 영역(우리는 누구로 살아갈까, 어디서 살아갈까, 지금 어떻게 살아갈까, 무엇을 하며 살아갈까)으로 구성되는데, 이 중 일부가 과학과 관련된다. 예컨대 '누구로 살아갈까'에서 사람, 자연, 동식물에 관해, '지금 어떻게 살아갈까'에서 하루의 변화(밤과 낮)와 계절에 대해, '무엇을 하며 살아갈까'에서 생활에서 사용되는 과학 및 디지털 도구에 대해 학습한다.

2022 과학과 교육과정의 목표는 "자연현상과 일상생활에 대하여 흥미와 호기심을 가지고 과학적 탐구를 통해 주변의 현상을 이해하고, 개인과 사회의 문제를 과학적이고 창의적으로 해결하는 데 민주 시민으로서 참여하고 실천하는 과학적 소양을 기른다."이다. 요약하자면, 우리나라 과학교육의 목표는 "과학적 소양을 갖추고 더불어 살아가는 창의적인 사람"이다. 그런데 앞서 3장에서 일반적으로 과학의 목표는 '자연현상의 이해'이며 공학의 목표는 '기술적 문제의

해결'이라고 언급한 바 있다. 하지만 2022 과학과 교육과정의 목표에는 '개인과 사회의 문제를 과학적이고 창의적으로 해결하는' 것과 '민주 시민'이 포함되어 있다. 왜 이런 표현들이 쓰인 것일까? 우리가 학교에서 과학을 배우는 일차 목표는 과학 전공자를 키우기 위함이 아니라 민주 시민을 위한 과학적 소양을 갖추는 데 있으며, 과학교육은 장차 과학자뿐만 아니라 공학자 및 산업계에서 활동할 폭넓은 인재를 양성하는 일이라는 인식이 저변에 깔려 있기 때문이다.

2022 과학과 교육과정의 기본 골격은 '핵심 아이디어'에 잘 드러난다. 핵심 아이디어는 '지식·이해', '과정·기능', '가치·태도'라는 세 가지 차원으로 나뉘며, 이 중 실제로 배우는 과학 내용은 '지식·이해'의 차원에 해당한다.

2022 과학과 교육과정의 목표와 핵심 아이디어

목표		과학적 소양을 갖추고 더불어 살아가는 창의적인 사람	
핵심 아이디어	지식·이해 차원	• 운동과 에너지 • 물질 • 생명	• 지구와 우주 • 과학과 사회
	과정·기능 차원	• 문제 인식 및 가설 설정 • 탐구 설계 및 수행 • 자료 수집·분석 및 해석	• 결론 도출 및 일반화 • 의사소통과 협업
	가치·태도 차원	• 과학 가치 • 과학 태도	• 참여와 실천

'지식·이해' 차원에는 과학의 기본 네 영역(물·화·생·지)에 해당하는 '운동과 에너지', '물질', '생명', '지구와 우주'가 속하며 2022 과학과 교육과정에서 신설된 '과학과 사회'가 포함된다. '과학과 사회'는 21세기의 현대사회에서 과학기술의 영향력이 더욱 커지고 과학과 사회의 상호연관성이 급격하게 증대함에 따라, 이에 대한 적극적인 교육이 필요하다는 인식에 기초한다.

한편, '과정·기능' 차원에는 문제 인식 및 가설 설정, 탐구 설계 및 수행, 자료 수집·분석 및 해석, 결론 도출 및 일반화, 의사소통과 협업이라는 다섯 가지 하위 요소가 포함된다. 이 중 앞의 네 가지는 3장에서 살펴보았던 과학탐구의 과정에 해당한다. 마지막 '의사소통과 협업'은 지금까지 상대적으로 덜 강조되었던 부분이다. 전통적으로 과학탐구는 혼자서 수행하는 것으로 가정해 왔는데, 오늘날의 과학은 대규모화되어 많은 사람의 공동 작업이 필수적이다. 프로젝트에 함께 참여한 사람들과의 원활한 의사소통과 협업이 매우 중요해졌다.

'가치·태도' 차원에는 과학 가치, 과학 태도, 참여와 실천의 요소가 포함된다. 2022 과학과 교육과정은 '가치와 태도'를 처음으로 과학 교과의 핵심 차원에 넣었다는 점에서 의의가 있다. '가치와 태도'는 일종의 마음가짐으로, 과학이 지닌 가치에 공감하고 과학 접근으로 문제를 해결하는 태도를 배운다. 또한 현대사회에서 과학의 의미를 찾고 과학을 잘하기 위해서는 '참여와 실천'을 통해 실행으로 옮길 수 있어야 한다. 현재 우리가 직면한 기후 위기, 에너지 문제 그리고 AI 기술의 윤리적 문제 등은 미래 사회로 갈수록 더욱 중요한 이슈가 될 것이기 때문이다.

흔히 학교 교육에서는 지식과 이해가 중요하다고 생각하지만, 정작 교육과정에서는 이와 함께 과학의 과정과 기능을 익히고 과학과 사회에 대한 올바른 가치와 태도를 갖추는 것을 핵심 목표로 삼는다. 즉, 이 세 가지가 모두 필요한 것이다.

교육과정에서 이러한 목표를 매우 구체적으로 진술하는 부분이 '성취 기준'이다. 성취 기준은 법적 구속력을 갖기 때문에, 교과서와 학교에서의 평가 등도 모두 여기에 기반해 이루어진다.

2022 과학과 교육과정의 성취 기준 예시

(18) 수권과 해수의 순환
[9과 18-01] 수권에서 해수, 담수, 빙하의 분포와 활용 사례를 조사하고, 자원으로서 물의 가치에 대해 토론할 수 있다.
[9과 18-02] 해수의 수온과 염분의 분포 및 변화를 해석하여 해수의 특성을 설명할 수 있다.
[9과 18-03] 대기 대순환과 해양 표층 순환과의 관계를 이해하고, 기후변화에 영향을 미치는 해류의 역할을 설명할 수 있다.

〈탐구 활동〉
• 디지털 탐구 도구를 이용하여 해수의 연직 수온 분포 실험하기
• 실시간 데이터를 활용하여 우리나라 주변 해양 정보(수온, 염분) 분석하기

출처: 교육부(2022), 「과학과 교육과정」 56쪽

앞의 예시를 살펴보자. 이는 중학교 과학의 '수권과 해수의 순환'에 관한 것으로서 총 세 개의 성취 기준을 담고 있다. 각 성취 기준은 번호화되어 있는데, [9과 18-01]은 7-9학년 과학의 18단원의 첫 번째 성취 기준임을 나타낸다. 성취 기준 아래에는 이와 관련해 반드시 수행해야 하는 탐구 활동도 표시되어 있다.

활동과 경험 중심의 초등학교 과학

그러면 초등 3학년 이후에는 어떤 것을 배우는가? 우리나라 교육과정에서 초등학교는 3개의 학년군으로 구분한다. 앞서 이야기한 대로 1-2학년군은 '바슬즐'의 통합 교육과정을 운영하고, 나머지는 다시 3-4학년군 및 5-6학년군으로 나뉜다. 다음 표는 각 학년군에서 배우는 과학 내용을 나타낸 것이다. 학교에서는 대체로 각 학년군의 (1)-(4)는 저학년의 1학기, (5)-(8)은 2학기에, (9)-(12)는 고학년의 1학기, (13-16)은 2학기에 배운다.

그렇다면 초등학교 과학의 특징은 무엇인가? 첫째, 활동 중심이다. 초등학교 과학 수업은 과학 현상에 관련된 놀이와 활동을 통해 기본적인 과학의 개념과 지식을 익히는 데 초점을 둔다. 거의 모든 시간에 활동이 포함되어 있으며, 학생은 친구들과 협력해 탐구 활동에 참여하게 된다. 과학실로 이동해 진행하는 실험도 있지만, 교실에

2022 과학과 교육과정(초등 단원 구성)

3-4학년군		5-6학년군	
(1) 힘과 우리 생활	(9) 자석의 이용	(1) 지층과 화석	(9) 산과 염기
(2) 동물의 생활	(10) 물의 상태 변화	(2) 빛의 성질	(10) 물체의 운동
(3) 식물의 생활	(11) 땅의 변화	(3) 용해와 용액	(11) 식물의 구조와 기능
(4) 생물의 한살이	(12) 다양한 생물과 우리 생활	(4) 우리 몸의 구조와 기능	(12) 지구의 운동
(5) 물체와 물질	(13) 밤하늘 관찰	(5) 혼합물의 분리	(13) 계절의 변화
(6) 지구와 바다	(14) 생물과 환경	(6) 날씨와 우리 생활	(14) 물질의 연소
(7) 소리의 성질	(15) 여러 가지 기체	(7) 열과 우리 생활	(15) 전기의 이용
(8) 감염병과 건강한 생활	(16) 기후변화와 우리 생활	(8) 자원과 에너지	(16) 과학과 나의 진로

서 간단하게 이루어지는 관찰, 분류, 해보기 활동도 많다. 모둠으로 토의하고 만들고 발표하는 활동도 포함된다.

둘째, 가까운 경험에서 먼 경험으로 진행된다. 모두 그런 것은 아니지만 아이들이 경험할 수 있는 가깝고 직접적인 대상과 현상에서 시작해 학년이 올라갈수록 점차 덜 가깝고 간접적인 대상과 현상으로 경험의 폭을 넓힌다. 주변의 동물, 식물, 물체, 환경으로부터 시작해 점차 대상의 세부 모습이나 원인을 확인하는 방향으로 진행되는 것이다. 따라서 5-6학년 때는 제법 과학적인 개념과 추론이 필요한 활동이 주가 된다.

셋째, 초등학교 과학에도 어려운 내용이 있다. 일반적으로 초등학생들이 가장 어려워하는 두 가지 주제 중 하나는 달의 위상 변화이고, 다른 하나는 전기회로와 관련된 내용이다. 달의 위상 변화를 이해하려면 달, 지구, 태양의 상대적 위치를 머릿속에서 그리면서 태양빛이 달에 어떤 그림자를 만드는지 추측해야 한다. 그리고 해당 그림자가 지구 관점에서 볼 때 어떤 모습일지도 추측할 수 있어야 한다. 초등학생에게는 너무나 어려운, 관점의 이동이 필요한 내용이다. 그런가 하면 전기회로와 관련해서는 눈에 보이는 전기 회로 및 전구의 밝기 현상을 눈에 보이지 않는 전류, 전압, 저항 등의 관계를 통해 추측해야 할 뿐 아니라 직렬 및 병렬연결의 효과에 대해서도 알아야 한다.

넷째, 통합적 내용이 포함되어 있다. 앞서 제시한 표에 포함된 대부분의 단원은 물·화·생·지 중 어느 한 분야를 다루지만, 각 학년의 한 단원(각 학년군의 (8)과 (16))은 감염병, 기후변화, 에너지, 진로 등과 같이 과학과 관련된 중요한 사회적 이슈 및 자신의 진로에 대해 다룬다. 이러한 공부는 아이들이 융합적 사고를 훈련하고 팀워크를 통해 협력하며 소통하는 기회가 되리라 기대할 수 있다.

시민의 과학 상식을 위한 중학교 과학

중학교 수준의 과학 지식을 잘 익히면 보통의 시민으로서 필요한 기초적인 과학 상식을 갖출 수 있다. 하지만 초등학교에서 중학교로 갈 때 대한민국에서는 가장 큰 교육상의 변화가 일어난다. 한 명의 선생님이 거의 모든 과목을 가르치는 체제에서 교과별 선생님 체제로 바뀌는 것이다. 각 과목을 맡은 선생님들이 교대로 교실로 들어오고 배우는 내용도 크게 늘어난다. 이때 아이들은 큰 충격을 받고 공부에 대한 자신감과 흥미를 잃을 수 있다.

초등학교에 비해 중학교 과학에서는 새로운 용어와 개념이 급격히 늘어나고 내용도 많이 어려워진다. 놀이와 활동 중심이었던 과학 수업이 중학교에 가면 본격적으로 개념과 지식 중심으로 바뀐다. 이로 인해 PISA, TIMSS• 등 국제비교연구에서 우리나라 중학생들의 과학에 대한 자신감과 흥미가 급격히 낮아지는 것을 확인할 수 있다.

다음은 중학교 학년군에서 배우는 과학 내용을 정리한 것이다. 각 번호는 단원에 해당하고, 내용 요소는 각 단원에서 배우는 주요 개념과 지식이다.

● 국제 학생평가 프로그램(Programme for International Student Assessment, PISA)은 만 15세 학생들을 대상으로 읽기, 수학, 과학 분야의 학업성취도를 3년마다 평가한다. 수학·과학 성취도 추이변화 국제비교 연구(Trends in International Mathematics and Science Study, TIMSS)는 세계 각국의 4학년 및 8학년을 대상으로 수학 및 과학의 성취도를 4년마다 평가한다.

2022 과학과 교육과정(중학교 단원 및 내용 요소)

(1) 과학과 인류의 지속 가능한 삶: 과학적 탐구 방법, 과학기술의 영향, 과학과 지속 가능한 사회
(2) 생물의 구성과 다양성: 세포와 생물 구성 단계, 종의 개념과 분류 체계, 변이와 생물 다양성, 생물 다양성 보전의 중요성
(3) 열: 열평형, 전도, 대류, 복사, 비열, 열팽창
(4) 물질의 상태와 변화: 물질의 상태와 입자 모형, 녹는점, 끓는점
(5) 힘의 작용: 힘, 중력, 마찰력, 탄성력, 부력
(6) 기체의 성질: 입자 운동, 기체의 압력, 기체의 압력과 부피 관계, 기체의 온도와 부피 관계
(7) 태양계: 태양계 구성 천체, 태양 표면과 태양 활동, 달의 위상 변화, 일식과 월식
(8) 물질의 특성: 밀도, 용해도, 순물질과 혼합물
(9) 지권의 변화: 지구계, 광물과 암석, 암석의 순환, 풍화 작용, 판과 대륙이동설, 지진대와 화산대
(10) 빛과 파동: 시각과 상, 반사와 굴절, 거울과 렌즈, 빛의 합성과 색, 파동의 발생과 전달, 파동의 요소와 소리의 성질
(11) 물질의 구성: 원소, 원자, 분자, 이온, 화합물, 화학식, 주기율표
(12) 식물과 에너지: 광합성 과정, 광합성에 영향을 미치는 요인, 식물의 호흡과 광합성의 관계
(13) 동물과 에너지: 소화계, 순환계, 호흡계, 배설계의 구조와 기능
(14) 전기와 자기: 전기력, 대전, 정전기 유도, 전압, 전류, 옴의법칙, 전기에너지, 자기력, 자기장
(15) 별과 우주: 연주시차, 별의 특성, 우리은하, 우주팽창, 우주탐사
(16) 화학반응의 규칙성: 화학변화, 화학 방정식, 질량보존의법칙, 일정성분비법칙, 기체반응의 법칙, 화학반응에서 열에너지의 출입

(17) 날씨와 기후변화: 온실효과와 지구온난화, 대기 대순환, 강수 과정, 중위도 저기압, 일기도

(18) 수권과 해수의 순환: 대기와 해양의 층상 구조, 수권과 수자원, 염분과 해류

(19) 운동과 에너지: 등속 운동, 자유낙하 운동, 일과 에너지, 중력에 의한 위치에너지, 운동에너지, 역학적 에너지 보존

(20) 자극과 반응: 감각기관의 구조와 기능, 뉴런과 신경계의 구조와 기능, 자극과 반응까지의 경로, 호르몬에 의한 항상성 유지

(21) 생식과 유전: 세포분열, 동물의 발생 과정, 유전형질과 유전 원리

(22) 재해·재난과 안전: 재해·재난, 재해·재난에 대한 과학적 대처 방안

(23) 과학과 나의 미래: 과학 관련 진로와 직업, 진로 계획 실천 방안

이번에는 중학교 과학의 특징을 알아보자. 첫째, 개념과 지식이 확장된다. 앞서 이야기한 대로 중학교에 가면 과학에서 배우는 개념과 지식의 양이 훨씬 많아진다. 표의 내용 요소가 모두 실질적으로 배우는 것들인데, 양이 상당히 많기 때문에 중학교에서는 초등학교 때처럼 경험과 활동 중심으로만 수업을 이어 가기 어렵다. 물론 입시를 앞둔 고등학교 과정에 비하면 그래도 많이 나은 편이다.

둘째, 본격적으로 과학 실험 및 탐구를 많이 하게 된다. 중학교에서는 개념과 지식을 많이 배우기 시작하는 동시에 과학 실험 및 탐구 활동도 훨씬 다양하고 체계적으로 이루어진다. 과학 교과서에는 간단한 해보기 활동, 교사의 시범 실험, 탐구 설계 및 수행 활동 등이 각 단원, 소단원, 차시별로 포함된다. 과학을 전공한 과학 교사에 의

해 진행되기 때문에, 초등학교에 비해 교사의 설명과 탐구 활동도 보다 전문적이다. 중학교에는 과학, 발명, STEAM, 메이커 교육을 위한 각종 동아리가 있어서 과학 관련 경험과 역량을 쌓을 기회도 많이 주어진다. 기왕이면 아이가 스스로 관심 있는 동아리 활동에 참여하도록 하는 것이 좋다. 과학에 관한 경험을 쌓을 수 있을 뿐만 아니라, 또래 학생들과 적극적으로 소통하고 협업하는 능력을 기를 수 있을 것이다.

셋째, 과학고등학교 등 과학 계열 고등학교 진학을 위한 준비가 필요한 단계이다. 중학교 수준에서는 학교, 지역 교육청, 대학별로 과학 관련 영재교육을 실시하는 곳이 많다. 이 기관들에서는 과학 지식을 익히고 탐구 실험을 보다 집중적으로 경험해 볼 수 있다. 이 기관들에 들어가기 위해서는 선발 과정을 거쳐야 하는 경우도 많아, 중학교에서 과학 성적을 잘 받는 것도 중요하다. 또한 각 중학교 및 지역 교육청 단위에서 열리는 과학과 관련된 행사 및 대회에 참가해 인증서 및 상을 받아 자신의 이력을 관리할 수도 있다.

넷째, 자신의 소질과 적성을 찾고 진로를 고민하는 단계이다. 앞에서 말한 대로 중학교 과학에서는 배워야 할 과학 개념과 지식이 늘어나고 과학 관련 동아리 및 대회 등에 참여할 기회도 많다. 또 자유학년제가 있어서 자신의 소질과 적성을 파악할 수 있는 활동을 많이 하게 된다. 표의 마지막 단원이 '과학과 나의 미래'인 것에서 알 수 있듯이, 중학교 수준에서는 고등학교 및 그 이후 펼쳐질 자신의 미래에 대해 고민하고 생각해 보는 것이 무엇보다 중요하다.

중학교에서 과학이 어렵다고 느끼는 이유

초등학교와 중학교에서 배우는 과학의 차이를 좀 더 구체적으로 알아보기 위해 물리학 내용을 중심으로 잠시 살펴보자. 2022 과학과 교육과정 중 물리학에 해당하는 '운동과 에너지' 영역에서는 무엇을 배울까? 크게 네 개의 범주가 포함되어 있는데, 힘과 에너지, 전기와 자기, 열, 빛과 파동이 그것이다.

 힘과 에너지의 경우 초등 3-4학년 때는 가장 간단한 밀기와 당기기, 무게, 수평 잡기, 도구의 이용 등을 배우고, 초등 5-6학년 때는 물체의 위치 변화, 이에 따른 속력, 속력과 안전의 관계에 대해 배운다. 그리고 중등학교 1-3학년에서는 다양한 종류의 힘과 다양한 운동, 운동에너지와 에너지 보존 등에 대해 배운다. 이처럼 같은 분야이더라도 학년군(초등 3-4학년, 초등 5-6학년, 중학 1-3학년)에 따라 그 내용이 점차 확장되고 심화된다.

 전기와 자기의 경우 초등 3-4학년 때는 자석에 의한 힘, 자석의 극, 자석의 이용 등에 대해 배우고, 초등 5-6학년 때는 전기회로, 전지의 연결, 전자석 등에 대해 배운다. 중학교에 가면 기전력, 대전, 정전기 유도, 전압·전류, 옴의 법칙 등 전기와 자기에 대한 본격적인

초등학교와 중학교 과학의 지식·이해 차이(물리학 영역)

범주	초등 3-4학년군	초등 5-6학년군	중학교 1-3학년군
힘과 에너지	밀기와 당기기, 무게, 수평 잡기, 도구의 이용	위치의 변화, 속력, 속력과 안전	힘, 중력, 탄성력, 부력, 등속 운동, 자유낙하 운동, 일과 에너지, 중력에 의한 위치에너지, 운동에너지, 역학적 에너지 보존
전기와 자기	자석과 물체 사이의 힘, 자석과 자석 사이의 힘, 자석의 극, 자석의 이용	전기회로, 전기의 직렬연결, 전자석, 전기 안전	전기력, 대전, 정전기 유도, 전압, 전류, 옴의법칙, 전기 에너지, 자기력, 자기장
열		온도, 열의 이동, 단열	열평형, 전도, 대류, 복사, 비열, 열평형
빛과 파동	소리의 발생, 소리의 세기, 소리의 높낮이, 소리의 전달	빛의 직진, 평면거울에서 빛의 반사, 빛의 굴절	시각과 상, 반사와 굴절, 거울과 렌즈, 빛의 합성과 색, 파동의 발생과 전달, 파동의 요소와 소리의 특성

개념들을 확장해 배운다.

열의 경우 초등 3-4학년 때는 별로 배우지 않지만, 중학교에 가면 열의 이동, 비열, 열평형, 열의 이동 방식 등 열에 관한 다양한 개념을 학습하게 된다. 빛과 파동의 경우에는 아이들에게 익숙한 소리에 대해 먼저 배우고, 그다음에 빛, 거울과 렌즈를, 중학교에 가면 좀

초등학교와 중학교 과학의 지식·이해 차이(화학 영역)

범주	초등 3-4학년군	초등 5-6학년군	중등 1-3학년군
물질의 성질	물체와 물질, 물질의 세 가지 상태, 기체의 무게, 기체의 부피 변화, 물의 상태 변화	용액, 용매, 용질, 용해, 용액의 전하기, 혼합물의 분리	입자 운동, 기체의 압력, 기체의 압력과 부피 관계, 기체의 온도와 부피 관계, 물질의 상태와 입자 모형, 상태 변화와 열에너지, 밀도, 용해도, 녹는점, 끓는점, 순물질과 혼합물
물질의 변화		지시약, 산성 용액, 염기성 용액, 연소 조건, 연소 생성물	화학 변화, 화학 방정식, 질량 보존 법칙, 일정 성분비 법칙, 기체 반응 법칙, 화학 변화에서 열에너지 출입
물질의 구조			원소, 원자, 분자, 이온, 화합물, 화학식, 주기율표

더 복잡한 거울과 렌즈의 관계, 빛의 합성과 색, 파동의 일반적인 특징 등에 대해 공부하게 된다.

이처럼 초등학교에서는 일상생활에서 경험하는 현상을 중심으로 활동과 함께 공부하다가, 중학교에 진학하면 그 현상의 원인을 설명하는 데 필요한 개념을 중심으로 추상적 학습을 하게 되는 경우가 많다. 이러한 경향은 물리학 영역뿐만 아니라 화학, 생명과학, 지구과학 영역에서도 유사하다. 앞의 두 표는 물리학과 화학 영역에서의 초등학교 과학과 중학교 과학의 차이를 정리한 것이다.

이러한 이유에서 많은 아이들이 초등학교 과학을 쉽게 느끼고 재미있어하다가도 중학교 과학은 어렵고 재미없다고 생각한다. 그래서 중학교에 진학하면서 '과포자'가 상당수 발생한다. 게다가 갑자기 어려워진 중학교 수학 때문에 '수포자'들이 많이 생기고, 이 때문에 '과포자'가 더 늘어나는 경향도 있다. 필자는 그럴 필요가 전혀 없다고 생각한다. 그렇다면 어떻게 해야 학생들이 과학에 대한 흥미를 잃지 않을 수 있을까? 교육 당국에서는 초등 5-6학년은 좀 더 중학교 과학과 가깝게, 중학교 과학은 좀 더 초등학교 과학과 가깝게 변화해 두 학교급 간 차이를 최대한 줄일 필요가 있다고 생각한다. 가정에서는 아이가 초등 5-6학년군일 경우 학교에서 배우는 과학 내용을 얼마나 이해하고 있는지 점검해 볼 필요가 있겠다. 반면 중학교 단계에서는 아이가 과학과 관련된 다양한 체험과 활동을 할 수 있는 기회를 학교 안팎에서 적극적으로 찾아 볼 필요가 있다.

고등학교에서는 어떤 과학을 공부하는가?

6장

5장에서는 초등학교와 중학교 과학에서 주로 무엇을 배우는지 살펴보았다. 6장에서는 고등학교에서 어떤 과학을 어떻게 배우는지 이야기해 보려고 한다. 끝으로 과학을 공부하는 고등학생을 위한 몇 가지 조언을 남길 것이다.

1학년은 공통과목, 2-3학년은 선택과목 중심

고교학점제를 표방하는 2022 개정 교육과정에서는 고등학생들이 대학처럼 학기별로 과목을 이수하도록 되어 있다. 그리고 모든 고교 과목은 기본 4학점 체제로 운영된다. 1학점은 50분 기준으로 한 학기에 16회를 이수하는 수업량에 해당한다. 고등학교의 전체 수업량은 192학점(2,560시간)이다.

2022 개정 과학과 교육과정에서 고등학교 교육은 크게 1학년과 2-3학년으로 나누어 볼 수 있다. 1학년 때는 모든 학생이 공통 과

2022 과학과 교육과정 체제(고등학교)

공통과목	선택과목			
	일반 선택	진로 선택		융합 선택
• 통합과학1 • 통합과학2 • 과학탐구실험1 • 과학탐구실험2	• 물리학 • 화학 • 생명과학 • 지구과학	• 역학과 에너지 • 물질과 에너지 • 세포와 물질대사 • 지구시스템과학	• 전자기와 양자 • 화학 반응의 세계 • 생물의 유전 • 행성우주과학	• 과학의 역사와 문화 • 기후변화와 환경 생태 • 융합과학 탐구
		과학 계열	• 고급 물리학 • 고급 화학 • 고급 생명과학 • 고급 지구과학 • 과학과제연구	과학 계열	• 물리학 실험 • 화학 실험 • 생명과학 실험 • 지구과학 실험

목을 주로 배우고, 2-3학년 때는 자신의 진로와 적성에 따라 선택과목을 주로 배운다. 선택과목은 다시 크게 일반 선택, 진로 선택, 융합 선택의 세 과목군으로 나뉜다. 공통과목 중심의 1학년, 선택과목 중심의 2-3학년 체제는 과학만이 아닌 모든 과목의 공통된 특징이다.

1학년에서는 두 가지 공통과목을 공부한다. 하나는 〈통합과학〉이고 다른 하나는 〈과학탐구실험〉(과탐실)인데, 각각은 다시 1과 2로 나뉜다. 1학년 1학기 때는 통합과학1 및 과탐실1을, 1학년 2학기 때는 통합과학2 및 과탐실2를 대개 배운다. 물론 이는 학교 사정에 따라 각 과목을 한 학기에 몰아서 배울 수도 있고 1, 2 과목을 각각 다른 학년에 나누어 배울 수도 있다. 2-3학년 때는 자신의 진로와 적성에 맞춰서 다양한 과학 선택과목을 주로 공부하게 된다. 선택 과목에는 일반 선택 네 과목(물리학, 화학, 생명과학, 지구과학), 진로 선택 여덟 과목(역학과 에너지, 전자기와 양자, 물질과 에너지, 화학 반응의 세계, 세포와 물질대사, 생물의 유전, 지구시스템과학, 행성우주과학), 융합 선택 세 과목(과학의 역사와 문화, 기후변화와 환경생태, 융합과학 탐구)이 있다. 2학년부터 학생들은 본격적으로 자신이 정한 진로에 따라 선택을 해야 하는 것이다. 따라서 1학년 때 진로를 고민하며 자신에게 더 적합한 과학 분야를 찾는 것이 매우 중요하다.

한편 과학에 특화된 고등학교(과학영재학교, 과학고등학교, 과학중점학교)에서는 과학 계열 학교의 선택과목들을 추가로 이수할 수 있다. 진로 선택과목으로는 〈고급 물리학〉, 〈고급 화학〉, 〈고급 생명과학〉, 〈고급 지구과학〉, 그리고 〈과학 과제 연구〉라는 다섯 과목이 있으며, 융합 선택으로는 과학의 네 영역(물리학, 화학, 생명과학, 지구과학)에 대한 실험 과목들이 있다. 과학 계열의 진로 선택 및 융합 선택과목들은 보통 고등학교 과학 과목들과 대학 1학년 때 배우는 과학 교양과목들 사이의 중간 수준에 해당한다. 이제 공통과목부터 자세히 살펴보자.

통합과학과 과학탐구실험

통합과학1의 첫 번째 단원은 '과학의 기초'이다. 여기에는 과학적 단위, 측정과 어림, 정보와 신호의 차이 등 과학의 매우 기본적인 내용이나 전통적으로는 가르치지 않았던 것을 배운다. 물·화·생·지 어느 한 분야에 속하지 않는 것들이기도 하다.

이어지는 단원인 '물질과 규칙성', '시스템과 상호작용' (이상 통합과학1), '변화와 다양성', '환경과 에너지'(이상 통합과학2)는 전통적인 과학의 내용이지만 이 부분 또한 물·화·생·지 중 하나로 분명하게 나누어져 있지는 않다. 대주제별 통합적 접근을 취하는 것이다. 자연현상에 물리학적 현상이 따로 있고 화학적 현상이 따로 있지 않기 때문이다. 하지만 이러한 방식에는 문제가 있다. 앞에서 언급한 것처럼 과학 지식은 매우 개념적으로 논리화·구조화되어 있어서, 어느 정도의 개념 덩어리를 한꺼번에 배워야 할 필요가 있다. 예를 들어, 물리학에서 에너지 개념은 변위-속도-가속도-힘-에너지의 순으로 배워야 하는데, 이 에너지 개념은 화학적 에너지, 생물학적 에너지, 지구과학적 에너지와 동시에 병렬적으로 배우기 어렵다. 어디까지 개별로 배우고 언제 어느 정도로 통합해 배워야 하는지, 즉 양자의 균형을 잘 잡기가 현실적으로 쉽지 않기 때문이다. 이러한 문제를 해결하기 위한 고민의 결과가 현재 통합과학의 구성이다.

예를 들어 지구 시스템과 판구조론은 지구과학에, 중력장은 물

고등학교 통합과학(1·2)의 단원 및 내용 요소

통합과학1		통합과학2	
단원	내용 요소	단원	내용 요소
과학의 기초	기본량과 단위, 측정과 어림, 정보와 신호	변화와 다양성	지질시대의 생물과 화석, 지질시대의 환경 변화와 대멸종, 자연선택, 생물다양성, 산화와 환원, 산성과 염기성, 중화 반응, 물질 변화에서 에너지 출입
물질과 규칙성	원소 형성, 별의 진화, 원소의 주기성, 이온 결합, 공유 결합, 지각과 생명체의 구성 물질의 규칙성, 물질의 전기적 성질	환경과 에너지	생태계 구성 요소, 생태계 평형, 대기와 해양의 상호작용, 온실기체와 지구온난화, 핵융합, 발전, 에너지 전환과 효율
시스템과 상호작용	지구시스템의 구성과 상호작용, 판구조론과 지각 변동, 중력장 내의 운동, 충격량과 운동량, 생명 시스템의 기본 단위, 물질대사, 유전자와 단백질	과학과 미래 사회	감염병과 병원체, 인공지능과 과학 탐구, 로봇, 과학기술과 윤리

리학에 속하는 내용이다. 여기에 생명과학의 내용은 섞여 있기도 하고 구별되기도 한다. 앞서 초중등학교 단계에서 과학과 사회의 관련성에 대해 배워야 된다고 했는데, 그 내용이 '과학과 미래 사회'에 나온다. 대주제별로 융합적 접근을 취하는 점, 현대사회와 연계된 주

제가 많다는 점이 과학적 소양과 연계된다. 계열성을 어떻게 지킬지, 통합은 어떻게 할지, 그래서 구조와 연계를 어떻게 조화시킬 지가 핵심이다. 어려운 문제이지만 잘 계획하면 공부하는 데 유용하기도 하다.

한편 '과학과 미래 사회'는 통합과학2의 마지막 단원으로서 현대사회가 경험하고 있으며 앞으로 더욱 심각해질 과학기술 관련 문제들을 다룬다. 2022 과학과 교육과정에서 본격적으로 도입된 지식·이해 차원의 '과학과 사회'와 관련된 내용이다. 코로나19와 같은 감염병, 과학탐구에서의 AI의 활용, 각종 과학기술과 관련된 윤리적 문제들이 포함된다.

다음으로 과학탐구실험(과탐실)은 과학탐구를 실제로 설계하고 실행하며 미래 사회를 살아가는 데 필요한 역량을 기르기 위한 과목이다. 과학 지식 생산을 위한 과학탐구실험 활동의 체험적·실천적 경험을 제공하는 데 중점을 둔다.

이 과목에는 약간의 비하인드 스토리가 있다. 2015 개정 교육과정에서 과탐실이 처음 만들어졌을 때 필자를 포함한 연구 팀의 고민은 과학교육에서 특수 목적 고등학교와 일반계 고등학교 사이의 격차였다. 흔히 특목고인 과학고등학교의 학생들은 과학을 굉장히 많이 공부하고, 다양한 실험 활동과 함께 자신의 개인 연구 프로젝트도 수행하면서 과학탐구를 폭넓게 경험하지만, 일반계 고등학교에서는 그만한 기회가 주어지지 않는다. 일반계 고등학교 학생들도 지식이

고등학교 과학탐구실험(1·2)의 단원 및 내용 요소

과학탐구실험1		과학탐구실험2	
단원	내용 요소	단원	내용 요소
과학의 본성과 역사 속 과학 탐구	패러다임의 전환을 가져온 결정적 실험, 과학의 본성, 선조들의 과학	생활 속 과학 탐구	제품 속 과학, 놀이 속 과학, 스포츠 속 과학, 문화예술 속 과학
과학 탐구의 과정과 절차	귀납적 탐구, 연역적 탐구, 탐구 과정과 절차	미래 사회와 첨단 과학 탐구	첨단 과학기술, 탐구 산출물, 안전 사항, 연구 윤리

아니라 탐구로서의 과학을 배울 수 있도록 자신이 직접 수행하는 활동이 포함된 과목이 필요한 상황이었다. 이러한 필요에 부응하기 위해 만들어진 과목이 과탐실이었고, 이는 2022 개정 교육과정에서도 이어졌다. 과탐실1은 옛날에는 어떤 과학탐구가 이루어졌는가, 그리고 과학 탐구는 무엇이고 어떤 절차를 밟는가 등에 대한 내용을 다룬다. 즉, 과학탐구의 기초에 대한 것이다. 과탐실2에서는 현대인의 일상에서 발견할 수 있는 과학탐구를 본격적으로 경험한다. 각종 제품 속에 들어 있는 과학, 놀이 활동 및 놀이기구에 담긴 과학, 스포츠와 관련된 과학, 문화예술에 활용된 과학 등을 탐구한다. 과학은 특별한 환경 속에서 고립되어 이루어지는 활동이 아니라 우리의 주변에서 쉽게 발견할 수 있는 현상, 생활 속에서 흔히 쓰는 제품 등을 과학적

으로 탐구하고 그와 관련된 문제를 해결해 나가는 활동임을 배울 수 있는 과목인 것이다. 학생들은 이러한 활동을 통해 과학적 참여와 실천의 역량을 기를 수 있다.

개별 과학의 맛을 느낄 수 있는 일반 선택과목

고등 2학년부터는 과학의 일반 선택과목들을 이수하게 된다. 물리학, 화학, 생명과학, 지구과학의 네 과목이 그것이다. 물리학의 경우 역학, 열역학, 전자기학, 광학, 현대물리학 등 물리학의 기초 분야가 적은 수준이지만 모두 포함되어 있다. "물리학은 이런 과목이구나. 물리학에서는 이런 걸 배우는구나." 하며 소위 물리학의 맛을 처음으로 느낄 수 있는 기회인 것이다.

예컨대, '힘과 에너지' 단원에서는 평형, 운동 법칙, 일-에너지 정리, 역학적 에너지 보존, 일과 에너지 전환 등을 공부한다. 그런데 물리학의 특성상 이런 내용은 '전기와 자기' 단원에도 똑같이 적용된다. 그래서 전기와 자기의 현상을 잘 이해하기 위해서는 힘과 에너지에 대한 공부가 선행되어야 한다. 마찬가지로 현대물리학의 내용을 주로 배우는 '빛과 물질' 단원을 이해하기 위해서는 앞서 배우는 '힘과 에너지' 및 '전기와 자기' 단원의 내용을 이해하고 있어야 한다. 물리학 공부가 어려운 이유 중 하나가 어떤 내용을 공부하기 위해서는

고등학교 물리학의 단원 및 내용 요소

단원	내용 요소
힘과 에너지	평형과 안정성, 뉴턴의 운동법칙, 일-에너지 정리, 역학적 에너지 보존, 열과 에너지 전환
전기와 자기	전기장과 전위차, 축전지, 자성체, 전류의 자기작용, 전자기 유도
빛과 물질	중첩과 간섭, 빛과 물질의 이중성, 에너지띠와 반도체, 광속 불변

그 전에 꼭 알아야 하는 내용이 있고, 그 꼭 알아야 하는 내용을 먼저 이해하지 않고는 그다음으로 넘어가기가 어렵다는 점이다. 4장에서 수학, 과학, 공학의 관계를 이야기할 때 수학과 가장 가까이 배치된 과목이 물리학이었음을 기억할 것이다. 물리학의 단계적이고 순차적인 개념이 지닌 위계적 특징은 수학과 굉장히 많은 부분을 공유한다.

이러한 이유에서, 만약 대학에 진학해 물리학을 공부하다가 잘 이해되지 않는 부분이 있다면 고등학교 물리학 교과서를 다시 공부하고, 그래도 모르는 부분이 남으면 다시 중학교 수준으로 내려가야 한다. 물리학 공부는 체계적으로 쌓아 가야 한다는 의미이다. 그러니 물리학은 어느 순간에 어느 부분부터 갑자기 공부한다고 해서 실력을 발휘할 수 있는 과목이 아니다. 학생들은 이러한 특징 때문에 물리학을 싫어할 수 있다. 반면 기초부터 하나하나 차근히 알아 가고

고등학교 지구과학의 단원 및 내용 요소

단원	내용 요소
대기와 해양의 상호작용	해수의 성질, 표층 순환, 수온과 염분, 일기 예보, 이동성 고기압과 저기압, 악기상, 용승과 침강, 남동진동, 지구온난화, 기후변화의 요인
지구의 역사와 한반도의 암석	퇴적 구조와 퇴적암, 화성암, 변성작용과 변성암, 변동대, 지사 해석 방법, 상대연령과 절대연령, 지질시대의 환경과 생물, 국가지질공원
태양계 천체와 별과 우주의 진화	태양계 모형, 행성의 겉보기 운동, 일식과 월식, 별의 물리량, 별의 진화와 H-R도, 은하의 구성과 분류, 우주의 팽창

한 단계씩 쌓아 가면서 공부한다면 훨씬 논리적이고 쉽게 이해할 수 있는 과목이 물리학이기도 하다.

그러면 고등학교 지구과학은 어떠한가? 지구과학은 크게 세 부분, 즉 대기와 해양 부분, 지구의 역사와 암석 부분, 태양계·별·우주 부분으로 구성된다. 대기 및 해양의 유체 시스템, 지구의 역사와 지질학의 고체 시스템과 지구 바깥에 있는 천체에 해당하는 우주 세 분야로 크게 나뉜다. 앞서 물리학의 가장 큰 특징은 이어질 단원을 알기 위해서 앞 단원의 내용을 이해하는 것이 필요하다는 점, 즉 매우 순서화되어 있다는 점이라고 했다. 이와 달리 지구과학은 상대적으로 각 분야가 독립적으로 발전했다. 물론 지구과학의 분야들도 깊이 들어가면 서로 연결되어 있지만 물리학처럼 엄격하게 순서화되어 있지는 않다. 이는 지구과학의 각 분야가 물리학, 화학, 생명과학의 연구 결과들을 응용하지만 단원별로 상당히 독립적으로 구성이 되어 있기 때문이다. 지구과학의 또 다른 특징은 우리가 현재 경험하는 거대 자연현상들과 직접적으로 연결된다는 점이다. 그래서 일상과 매우 밀접한 현상을 탐구한다는 특징이 있다.

지금까지의 내용을 요약하면, 1학년 때 배우는 공통과목은 통합과학1·2 및 과학탐구실험1·2로 나뉘며 통합과학1·2에서는 물·화·생·지의 기초 개념과 통합적 내용을 다루고 과학탐구실험에서는 과학의 탐구 활동을 직접 경험해 보도록 한다. 2학년 때는 소위 물·화·생·지가 해당하는 일반 선택과목을 공부하는데, 이 과목들의 수업은 각 분야의 학문을 대표하는 구조를 따라간다. 예컨대 물리학은 대학에서 배우게 되는 물리학의 큰 구조를 담아내는 방식으로 단원이 구성되고, 지구과학도 지구과학의 학문적 구조를 담아내는 방식으로 단원이 구성된다. 이러한 이유에서 일반 선택과목들은 각 학문 분야의 특징을 맛보는 데 매우 적합하다고 할 수 있다.

일반 선택 네 과목은 물론 선택과목이다. 즉, 모두 듣지 않아도 된다. 하지만 특히 이공계를 희망하는 학생이라면 일반 선택과목을 모두 이수할 필요가 있다고 말하고 싶다. 왜냐하면 깊은 수준까지는 아니지만 학문 분야의 기초를 대부분 담고 있기 때문이다. 일반 선택과목을 배운 이후에는 진로 선택과목 여덟 개가 이어지며, 여기서는 본격적으로 분야별 과학을 공부하게 된다.

한편 융합 선택과목에는 과학의 〈역사와 문화〉, 〈기후변화와 환경생태〉, 〈융합과학 탐구〉라는 세 과목이 있다. 이 과목들은 학생의 관심과 취향에 따라 선택할 수 있다. 내가 문과 취향이더라도 '나는 과학의 역사 부분을 공부하겠어', '나는 기후변화와 환경 생태가 특별히 재미있어'라며 공부를 한다고 해도 충분히 열려 있는 과목이자 자신의 진로와 관심에 따라 얼마든지 자유롭게 선택할 수 있는 과목이다.

고등학교 과학 공부는 넓고 깊게

고등학생에게 꼭 당부하고 싶은 것들이 있다. 고등학교 시절은 현실적으로 과학을 폭넓게, 그리고 밀도 있게 공부할 수 있는 마지막 기회이다. 그래서 가능한 한 다양한 분야의 과학을 공부해 보라고 권하고 싶다. 여기에는 두 가지 이유가 있다. 하나는 대학교에 가면 더 이상 폭넓게 공부할 기회가 많지 않다는 점이다. 대학생이 되면 전공이 정해지고, 그 전공에 필요한 것만 공부하기에도 무척 바쁘다. 현재 대학에서 다전공이나 복수전공을 권고하고 또 이를 편리하게 선택할 수 있도록 제도를 보완하고 있는 것은 사실이다. 그럼에도 이공계의 경우 자신의 주 전공을 공부하는 것만으로도 상당한 시간과 노력이 소요된다. 그리고 대학에서는 현실적으로 전공 이외의 분야를 공부하는 데 필요한 유익한 정보와 안내를 줄 수 있는 사람을 좀처럼 찾기 어렵다. 반면 고등학교에는 수학, 물·화·생·지와 기술, 정보 과목을 담당하는 각 선생님이 모두 계신다. 또 다른 이유는 역시 공부는 고등학생 때 하는 것이 가장 효과적이고 밀도 있다는 점이다. 고등학교에서 입시 고민을 하며 공부한 내용은 매우 오랫동안 남는다. 따라서 고등학생 때 이공계 쪽으로 진로를 정했다면 그때 과학 공부를 많이 해두는 것이 미래를 위한 아주 튼튼한 기초가 될 수 있다.

7장 과학 특화 고등학교 선택 가이드

5장과 6장에서는 초중고등학교 과정에서 개설되는 과학 교과의 내용과 특징을 살펴보았다. 그렇다면 과학에 흥미와 소질이 있는 자녀는 어떤 고등학교에 진학하는 것이 좋을까? 7장에서는 세 종류의 과학 특화 고등학교와 각각의 특징을 중심으로 고등학교 선택을 위한 가이드를 제시한다.

우리나라 과학교육의 장단점

자녀가 어떤 고등학교를 선택해야 할지 고민해 보기 전에, 우리나라 과학교육의 전반적인 장단점을 먼저 살펴보자.

앞서 언급했듯이 IMF 직후에는 이공계를 선택하는 학생이 크게 줄어들었었다. 다행히 최근에는 우수한 인재들이 꾸준하게 이공계 분야, 특히 과학 분야를 선택한다. 우수한 과학 인재들은 특히 우리나라와 같은 제조업 위주의 산업구조에 꼭 필요한 과학기술의 경쟁력을 잘 받쳐 주고 있다. 국제올림피아드라는 대회를 들어 봤을 것이다. 전 세계의 고등학생들이 수학, 물리학, 화학, 생명과학, 정보, 지구과학 등 여러 분야에서 올림픽처럼 경쟁하는 대회이다. 우리나라 학생들은 과목별로 1-3등을 도맡으며 꾸준히 매우 우수한 성적을 거두고 있다. 물론 최근에 1등을 가장 많이 차지하는 국가는 중국이지만, 인구 규모와 비교해 보면 우리나라 학생들이 매우 잘한다고 볼 수 있다.

앞서 과학의 여러 과목을 폭넓게 공부할 필요가 있다고 반복해서 언급한 바 있다. 우리나라의 고등학교 과학 교육과정과 입시 구조는 여러 분야를 골고루 공부하도록 만들어진 편이다. 이는 우리나라 과학교육의 장점이나 이로 인한 단점도 있다. 우리나라에는 과학에 특화된 고등학교들이 있고, 여기에서는 상대적으로 과학을 많이 공부할 수 있다. 하지만 일반계 고등학교의 과학교육은 시설과 시수 면에서, 과학에 관심이 있는 학생들의 숫자 면에서 많은 어려움을 겪는다.

또한 고등학교 과학교육과 이공계 대학 과학교육 간 격차도 문제이다. 대학교의 경우 정해진 교육과정이 없으므로 대학 교육의 수준은 대부분 졸업 이후 학생들이 진출하게 될 대학원이나 산업계의 요구에 따라 결정된다. 대학원과 산업계의 요구 수준은 소위 이공계 기반 인력이 중요한 국가들 사이에서는 어느 정도 통일되어 있어서 이공계 대학에 진학했을 때 배워야 할 공부의 수준과 양도 어느 정도

정해져 있다.

　반면 고등학교의 과학교육은 그 나라의 교육과정에 의해 결정된다. 교육과정의 기준은 크게 두 가지로, 하나는 '글로벌 스탠다드'이고 다른 하나는 '내셔널 스탠다드'이다. 글로벌 스탠다드는 예컨대 '고등학교에서 물리학을 이 정도는 배워야 대학에서 관련 공부를 따라갈 수 있다'는 묵시적 기준에 해당하고, 내셔널 스탠다드는 '우리나라의 교육과정에서는 물리학 과목에 이 정도 시간밖에 할애할 수 없다'는 현실과 관련이 있다. 사실, 우리나라 학생들은 고등학교 단계에서 매우 많은 과목을 다양하게 공부한다. 따라서 이공계 대학에 진학하는 학생들을 위한 과학 공부량은 부족할 수밖에 없다.

　게다가 고등학교 단계에서 과학을 열심히 공부하던 학생이 이공계로 진학하더라도 입학 직후, 대학 공부 도중 혹은 대학 졸업 이후 의대를 비롯한 소위 인기 있는 의학 계열로 빠져나가는 경우가 많다. 이런 추세 때문에 대학 과학교육이 큰 어려움을 겪고 있다. 특히 대학 성적이 우수하고 공부를 잘하는 학생일수록 그러한 경향을 보이기에, 해당 학과에 미치는 충격이 상당히 클 수밖에 없다.

　물론 가장 큰 문제는 우리나라 초중고등학교의 전반적인 교육과정과 이를 바탕으로 이루어지는 입시 등에서 상대적으로 과학 과목에 대한 비중이 매우 낮다는 데 있다. 영어권에 속하는 많은 나라의 교육과정에서 가장 중요한 세 과목을 꼽으라면 영어, 수학, 과학이다. 반면 비영어권 국가에서는 모국어, 수학, 영어가 가장 기본적인 핵심 과목에 해당한다. 우리나라 수능의 경우 여기에 한국사가 추가된다. 즉, 과학 교과는 핵심 과목의 위치를 점하지 못하고 있으며, 과학의 상대적 비중은 일고여덟 개, 많게는 열 개 과목 중 하나 정도에 불과하다. 그럼에도 우리나라 과학교육이 상당히 많은 장점을 지닌 이유는 전적으로 우수하고 열심히 공부하는 학생들과 열정적으로 가르치는 선생님들 덕분이라고 생각한다.

과학 특화 고등학교의 도입

우리나라 과학교육은 우수한 이공계 인력을 훌륭하게 양성하고 있는데, 여기에는 과학 특화 고등학교의 역할이 크다.

우리나라의 과학 특화 고등학교는 크게 세 종류로 구분된다. 각각 과학영재학교, 과학고등학교, 과학중점학교이다. 이 중 과학고등학교가 가장 익숙할 것이고, 과학영재학교는 들어 본 적이 있으리라 생각한다. 과학중점학교는 아직 낯선 독자들이 꽤 있을 것이다.

우리나라에서 과학 특화 고등학교는 다음과 같은 순서로 도입되었다. 그 시작은 1983년 경기과학고등학교가 1호 과학고등학교로 설립된 것이었다. 왜 경기도에 1호 과학고등학교를 세웠을까? 당시에도 한국의 대학입시 경쟁은 굉장히 심각했는데, 특히 서울을 중심으로 과열되는 입시를 두고 걱정이 있었다. 이에 서울 대신 경기권에

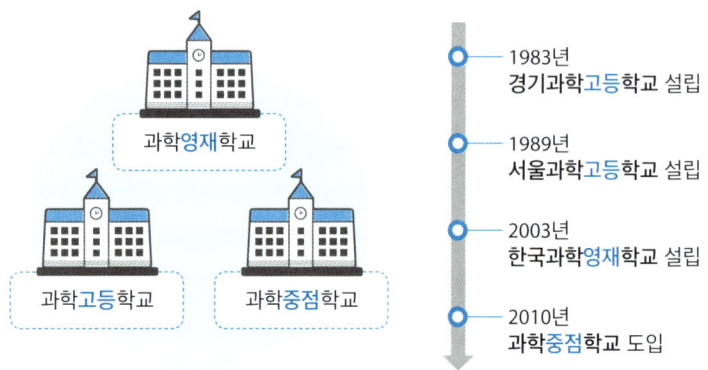

첫 번째 과학고등학교를 세우고자 수원에 경기과학고등학교가 설립된 것이다. 이후 과학고등학교가 전국으로 확장되었고 서울과학고등학교는 경남, 대전, 광주, 대구에 각각 설립된 다음인 1989년에야 세워졌다.

이처럼 과학고등학교가 늘어나면서 많은 과학 인재가 배출되기 시작했다. 하지만 다른 한편으로 고도화가 요구되는 국가 과학기술 경쟁력과 산업구조를 고려했을 때 소수의 탁월한 인재에 대한 집중 교육에 특화된 새로운 형태의 학교가 필요하다는 공감대가 형성되었다. 이에 과학고등학교 등장 20년 뒤인 2003년, 한국과학영재학교가 1호 과학영재학교로 설립되었다. 부산과학고등학교를 영재학교로 전환한 것이었다. 마찬가지로, 서울에 있는 과학고등학교를 전환했다가는 입시 문제가 너무 치열해질 것 같다는 이유에서였다. 후에 한국과학영재학교는 한국과학기술원KAIST의 부설 학교가 되었다.

과학영재학교가 설립된 후 10년 정도가 지나자 새로운 문제가 생겼다. 과학에 관심과 소질이 있는 많은 학생이 과학고등학교나 과학영재학교에 입학하면서 과학에 대한 일반계 고등학교 학생들의 관심과 전반적인 수준이 떨어진 것이다. 일반계 고등학교의 입시와 교육과정 역시 과학에 특별한 관심을 두지 못했다. 그러다 보니 일반계 고등학교 과학교육의 수준과 질이 점점 하락했고 이는 심각한 문제가 되었다. 이에 일반계 고등학교에 해당하면서도 과학을 더 잘 가르칠 수 있는 학교를 만들어 보자는 제안이 등장했다. 이것이 2010년에 도입된 과학중점학교의 시작이다.

앞서 소개한 세 종류의 과학 특화 고등학교는 과학에 관심과 소질이 있는 학생들이 전문적이고 집중적으로 과학 공부를 할 수 있는 교육과정을 제공한다. 개인적으로 과학 특화 고등학교가 지닌 특별함은 비슷한 관심사를 지닌 동료 학생들과 함께 공부하는 기회를 누리는 데 있다고 생각한다. 다른 교과목들도 그렇겠지만, 과학은 특히 학생들끼리 팀을 이루어서 공부하고 발표하며 서로 비판하는 활동이 아주 중요하다. 물론 일반계 고등학교에서도 조별 활동이 가능하겠으나 그런 활동이 더 많이 가능한 환경을 제공하는 것이 바로 과학 특화 고등학교라고 본다.

과학영재학교와 과학예술영재학교

이제 각 과학 특화 고등학교에 대해 더 자세히 알아보자. 먼저 과학영재학교이다. 현재 우리나라에는 여덟 곳의 과학영재학교가 있다. 과학영재학교의 명칭은 고등학교가 아니라 '학교'인데, 이는 과학영재학교가 법적으로 고등학교가 아니기 때문이다. 우리나라「영재교육진흥법」에 따르면 영재학교에 입학할 때는 일반적으로 고등학교에 입학할 때 요구되는 연령 기준을 충족할 필요가 없다.

과학영재학교는 수학, 과학 분야에서 영재라고 판단되는 학생들을 선별해 미래 과학기술자를 양성하는 것을 목표로 삼는다. 과학영재학교 여덟 곳은 다시 과학영재학교 여섯 곳과 과학예술영재학교 두 곳으로 나뉜다. 먼저 과학영재학교는 1호 과학고등학교인 경기과학고등학교를 포함해 수원, 광주, 대구, 대전, 서울, 부산 등 여섯 개 광역 자치단체에 각각 설립되어 있다. 이 학교들은 이름에 과학고등학교가 붙은 경우가 많은데, 과거 과학고등학교였기 때문이다. 각 고등학교가 지닌 역사와 전통 때문에 과학고등학교라는 이름을 버리지는 못했지만 성격은 영재학교로 과거와 다르다. 영재학교는 기본적으로 무학년제이고, 나이와 학력에 상관없이 입학할 수 있다.

다음으로 과학예술영재학교는 교육계에서 '융합'이라는 키워드가 강조되면서 세종과 인천 두 개 광역시에 과학영재학교들보다 나중인 2015년에 세워졌다. 예술이라는 단어가 들어간 것에서 알 수 있듯 과학영재학교보다 인문사회적·예술적 융합 교육을 더 많이 제공한다. 물론 세종과학예술영재학교와 인천예술과학영재학교도 여전히 핵심은 과학에 있다. 여기서 과학은 수학과 과학을 모두 포함한다.

 과학영재학교는 2017년 이전에 설립된 것도 있고 그 이후에 생긴 것도 있지만, 2017년 제정된 「영재교육진흥법」에 따라 설립되고 운영된다. 일부 과학고등학교들이 영재학교로 전환된 계기도 「영재교육진흥법」 제정과 관련이 있다. 이곳에서 공부하는 학생들은 대부분 이공계 특화 대학교로 진학한다. 예를 들면 한국과학기술원 부설인 한국과학영재학교 학생들은 절대 다수가 한국과학기술원으로 진학하며, 나머지 학교의 학생들도 소위 '이스트' 계열이라고 부르는 대학교에 진학한다. 이스트 계열 대학교에는 한국과학기술원, 포항공과대학교 POSTECH, 광주과학기술원 GIST, 대구경북과학기술원 DGIST, 울산과학기술원 UNIST, 그리고 최근에 세워진 한국에너지공과대학교 KENTECH 등이 속한다. 물론 이곳 외에도 서울대를 비롯한 소위 '스카이' 대학이나 지방에 위치한 국립대학교로 진학하는 학생도 많다.

과학고등학교

다음으로 과학고등학교에 대해 살펴보자. 과학고등학교는 앞서 이야기한 영재학교와 달리 고등학교이지만, 특수 목적 고등학교이다. 그 성격이나 지위 면에서 외국어고등학교와 유사하다. 공립학교이고 영재학교와 마찬가지로 기숙사 생활을 한다는 점이 특징이다.

과학고등학교의 입학 전형은 과학영재학교의 입시 결과가 발표된 이후에 시작된다. 즉, 과학영재학교와 과학고등학교 간의 단계적 지원이 가능하다. 현재 우리나라에는 스무 곳의 과학고등학교가 있다. 지역별로 간단히 살펴보면 서울에 두 곳, 부산에 두 곳, 인천에 두 곳, 경북에 두 곳, 경남에 두 곳, 그리고 대구, 대전, 울산, 경기, 강원, 충남, 충북, 전북, 전남, 제주 등에 각각 한 곳씩이다. 인구에 따라 균등하게 배분한 것은 아니겠지만, 학생 규모와 지역 등을 엄격하게 고려해서 각 광역 자치단체에는 해당 지역에 빠짐없이 과학고등학교를 하나 이상씩 두었다.

과학고등학교는 과학영재학교와 달리 조기졸업이 가능해서 고등학교 2학년을 마치고 바로 대학에 갈 수 있다. 또한 조기진학을 하는 경우도 있다. 조기진학은 대학에 진학하면 고등학교를 졸업한 것으로 인정해 주는 것이다. 조기졸업이 고등학교 2학년까지만 수료하면 졸업으로 인정하고 대학 진학을 자율적으로 하도록 하는 것이라면, 조기진학은 대학 입학을 전제로 조기졸업을 승인해 준다는 점에서 차이가 있다. 과학고등학교를 졸업한 학생들도 마찬가지로 대다수가 한국과학기술원 등 이공계 특화 대학과 종합대학에 진학한다.

조기졸업 및 조기진학에도 장단점이 있다. 지금에 비해 과거에는 과학고등학교에서 서울대에 입학하는 학생 중 조기졸업자 비율이 훨씬 높았다. 어떤 때는 조기졸업을 한 학생이 80퍼센트에 달했을 정도이다. 그런 학생들이 대학에 진학한 뒤 공부하는 모습을 보면, 한편으로는 빠르게 자기 전공을 찾아 공부한 데서 비롯되는 효율성이 있으나 다른 한편으로는 어린 나이로 인해 발생하는 문제도 있었다. 동료 학생들과 비교해 한 살 내지 두 살 차이가 날 뿐이지만 아직 어리고 미숙한 모습을 보이기도 한다. 조기졸업이나 조기진학으로 1년을 벌었다는 생각에 그동안 열심히 공부하느라 해보지 못했던 것을 하겠다는 보상심리로 딴짓을 하는 경우도 많다. 딴짓 중에는 일단 빠지면 헤어 나오기 힘든 것들이 있다. 게임에 중독되거나 공부와 전혀 관련이 없는 일을 하기도 한다. 결국 조기졸업과 조기진학으로 번 1년보다 더 많은 시간을 들여 다시 전공 공부로 돌아오는 경우도 있으므로, 조기졸업이나 조기진학이 반드시 좋은 것은 아니라고 생각한다.

과학중점학교

세 번째로 소개할 과학 특화 고등학교는 과학중점학교이다. 과학영재학교처럼 학교라는 명칭을 쓰지만 일반계 고등학교에 속한다.

과학중점학교 도입 당시 일반계 고등학교에는 '교과교실제'라는 학교 혁신 프로젝트가 진행 중이었다. 교과교실제는 대학에서 이루어지는 이동식 수업과 같이 교과별로 배정된 교실에 학생들이 과학은 과학대로, 수학은 수학대로, 예술이나 체육은 예술이나 체육대로 가서 수업을 듣는 제도이다. 이 교과교실제와 함께 중점학교라는 제도가 과학 분야에서부터 도입되기 시작했다. 당시 필자는 교육부 과학중점학교 지원연구단 단장을 맡았는데, 그때가 2009년의 일이었다.

과학중점학교는 앞서 언급했듯이 일반계 고등학교이다. 즉, 별도의 선발 과정 없이 지원할 수 있고, 지원자가 많아도 선발이 아닌 다른 방식으로 학생을 뽑는다. 입학한 학생들은 1학년을 마친 후 2학년부터 과학중점과정(줄여서 '과중'이라고 한다)에 지원할 수 있다. 예를 들어, 자녀가 거주하는 지역에 있는 고등학교에 지원해 입학했는데 들어가 보니 그 학교가 과학중점학교로 지정되어 있었다고 하자. 자녀는 2학년부터 과학중점과정을 선택할 수 있고, 보통의 이과계나 인문사회계로 진학할 수도 있다. 과학중점과정 진입을 선택할 수 있다는 점이 핵심이다. 물론 과학중점과정을 선택하지 않은 학생들은 여느 일반계 고등학교와 동일한 교육과정을 이수할 수 있다.

과학중점학교로 지정된 학교에서는 일반계 고등학교보다 수학과 과학을 훨씬 더 많이 공부하게 된다. 이에 과학중점학교에서는 물리, 화학, 생명과학, 지구과학 실험실을 하나 이상씩 설치하고, 수학에 특화된 시설도 두 개 이상 갖추고 있다. 더불어 〈과학교양〉과 〈과학융합〉이라는 교과목을 만들어서 1학년 때 과학에 대해 좀 더 폭넓게 공부하고 이해할 수 있도록 한다. 과학중점과정을 선택한 학생들은 1학년 때 연간 50시간 이상 과학과 관련된 비교과 활동 및 체험 활동을 하게 되며, 전체 교육과정 가운데 45퍼센트 이상을 수학 및 과학과 관련된 과목으로 이수해야 한다.

이렇듯 과학중점학교는 일반계 고등학교임에도 다양한 과학 관련 경험을 위한 체계가 갖춰져 있다. 과학중점학교 도입 이전에는 과학고등학교에서나 가능했던 활동들이다. 2-3학년 과학중점과정반 교육과정은 과학 전문 교과를 포함해 학생들이 대학 수준에 가까운 과목을 수강할 수 있도록 지원한다.

2010년부터 시작된 과학중점학교 제도가 현재 15년 남짓 진행되었는데, 굉장히 성공적인 교육 혁신 프로젝트라고 생각한다. 우리나라에서 이렇게 장기간 혁신적으로 이어져 오는 교육 정책이 많지 않다는 점을 염두에 두면 더욱 그렇다. 지역 교육청에서도 과학중점학교를 늘려 달라며, 직접 지원할 테니 운영 권한을 넘겨 달라고 교육부에 요청하기도 했다. 이에 2022년부터 과학중점학교 운영이 지역 교육청으로 이양되면서 서울형, 경기형 과학중점학교들이 생겼고 그 숫자는 더 늘어나는 중이다.

과학중점학교에 대해 조금 더 알아보기 위해, 대개 1학년 때 배우는 과학교양과 과학융합 과목을 살펴보자. 다른 과목이나 활동들도 과학중점학교를 소개하는 데 빼놓을 수 없지만, 특히 이 두 과목은 과학중점학교의 특징을 잘 보여 준다. 단위 시수가 많지는 않으나 과학교양 과목에서는 과학과 생활, 역사, 수학, 글로벌 등의 분야를 다룬다. 그래서 건축, 음식, 스포츠, 영화, 서양 과학, 전통 과학, 과학과 수학의 관계, 기후변화, 식량, 생명윤리 등에 대해 깊게는 아니더라도 폭넓게 공부할 수 있다. 과학융합 과목에서는 과학과 소통, 글쓰기, 커뮤니케이션, 과학탐구에서의 관찰과 사고, 과학철학, 예술·문학·음악·미술과 과학의 관계, 경제, 지리 등을 함께 배운다.

과학중점학교는 일반계 고등학교의 일종이라 이야기했다. 일반계 고등학교의 장점은 전 교과에 걸쳐 다양한 과목을 폭넓게 공부할 수 있다는 것이므로 과학중점학교에서는 과학을 집중적으로 공부해야 한다는 상대적 단점이 있을 수 있다. 따라서 과학교양과 과학융합 과목은 과학중점학교의 장점은 장점대로 살리면서 단점은 보완하는 절충 역할을 수행하는 것이다.

우리 아이에게 맞는 과학 특화 고등학교 찾기

지금까지 과학 특화 고등학교 세 종류를 살펴보았다. 우리나라는 과학과 관련된 고등학교 시스템을 세 종류로 구분하는데, 이는 전 세계적으로 드문 경우이다. 예컨대 일본에는 우리나라의 과학중점학교가 벤치마킹한 슈퍼사이언스하이스쿨 Super Science Highschool 제도가 있지만, 과학고등학교는 없다. 미국에도 과학고등학교나 과학영재학교와 비슷한 학교들이 있지만 주별로 상황이 다르다.

그런 면에서 한국의 과학 특화 고등학교 제도는 비교적 긍정적으로 평가할 만하다. 영재를 대상으로 한 과학영재학교, 과학을 집중

과학 특화 고등학교 비교표

	과학영재학교	과학고등학교	과학중점학교
학교 형태	영재교육기관	특수목적고등학교	일반계 고등학교
시작 연도	2003년	1983년	2010년
학교 수	8개	20개	124개 + α
학교 체제	무학년제, 학점제	학년제	학년제
조기 졸업	사실상 불가능	20%까지 가능	비허용
교육과정	제한 없음	약 60%의 STEM 과목	40% 이상의 STEM 과목
입학 시험	캠프, 면접을 포함하는 3단계	면접 등을 포함하는 2단계	시험 없음
기숙 여부	○	○	×

적으로 교육하는 과학고등학교, 일반계 고등학교 가운데 과학을 더 중점적으로 공부하는 과학중점학교가 모두 존재한다. 학교 형태도 각각 영재교육기관, 특수목적고등학교, 일반계 고등학교로 다양하다. 그중 과학중점학교는 현재 120여 개가 있는데, 이제 지역 교육청별로 과학중점학교를 나눠서 운영할 수 있기에 매년 많은 학교가 과학중점학교로 지정되면서 늘어나고 있는 상황이다.

    과학영재학교와 과학고등학교를 좀 더 비교해 보자. 과학영재학교는 무학년제, 학점제를 채택한다. 대학 시스템과 완전히 비슷하게 운영되는 것이다. 따라서 원칙적으로는 조기졸업이 가능하지만, 이수 학점이 많아 사실상 불가능하다. 반면 과학고등학교는 학년제로 진행되며 앞 절에서 언급했듯이 조기졸업과 조기진학이 가능하다. 이에 과학영재학교 학생들은 3학년까지 마쳐야 하지만 과학고등학교 학생들은 2년만 지나도 졸업할 수 있다. 그러나 좋은 환경에서 비슷한 관심사를 갖고 있는 동료 학생들과 공부할 수 있는 시기는 3년과 2년에 현격한 차이가 난다. 그래서 3년간의 학교생활은 과학영재학교의 장점이고, 조기졸업과 조기진학 제도가 과학고등학교의 장점이자 단점이라고 본 것이다. 과학고등학교 학생이 2년 만에 조기졸업을 하려면 실질적으로 1년 반 동안만 집중적으로 공부하고, 2학년 중반에 이르면 입시에 들어가야 하기에 공부 시간이 상당히 짧다. 그런 문제점 때문에 오늘날에는 조기졸업할 수 있는 학생 수를 점점 줄이고 있다.

한편 교육과정과 관련해 과학영재학교는 영재학교답게 법적으로 교육과정상의 제한이 없다. 과학고등학교의 경우 교육과정의 60퍼센트 정도는 STEM 과목이고, 과학중점학교는 40퍼센트 이상이 STEM 과목이다. 과학영재학교와 과학고등학교에는 입시가 있는데, 과학영재학교는 최종 단계인 면접 캠프까지 포함해 총 3단계이고 과학고등학교는 2단계이다. 반면 과학중점학교에는 입시가 없다. 과학영재학교와 과학고등학교는 기숙형 학교이고 과학중점학교는 통학을 하는 일반계 고등학교라는 것도 차이점이다.

이렇게 살펴본 세 종류의 과학 특화 고등학교에 대해 정리하고 결론을 내리자면, 세 곳 모두 과학을 깊이 공부하고 싶은 학생들에게 좋다. 훌륭한 실험 시설을 사용할 수 있고, 폭넓은 STEM 교과목 교육이 이루어지며, 고등학교 수준에서 자율적으로 탐구 프로젝트를 수행하는 R&E(Research and Education) 활동 기회도 있다. 무엇보다 취향이 비슷한 친구들과 함께 공부할 수 있다는 것이 큰 장점이다.

하지만 각 학교에는 모두 저마다의 장단점이 있다. 이에 자녀의 적성과 취향을 고려해 학교를 선택하는 것이 가장 중요하다. 해당 학교의 환경에 대한 현실적인 고려가 필요한데, 특히 과학영재학교나 과학고등학교 진학과 관련해 중요하게 고려해야 할 점은 자녀가 입학 후 잘 적응할 수 있느냐이다. 공부는 상당 부분 자신감의 문제이기도 하거니와 공부를 굉장히 잘했던 학생이 과학영재학교나 과학고등학교에 가서는 성적이 중간에도 못 미쳐 심리적인 문제를 겪는 일도 있다. 그런 부담감을 극복할 수 있다면 괜찮겠지만, 넘어서지 못하는 경우도 꽤 많다. 이 경우 오히려 안 가느니만 못한 사례라 볼 수 있다. 과학중점학교는 상대적으로 그런 문제에 있어서는 자유로운 편이다.

소위 이스트 계열의 대학교에 진학하고자 하는 학생들에게는 과학영재학교나 과학고등학교를 추천할 만하다. 하지만 의학계열 진학을 생각한다면 이 학교들을 권하지 않는다. 과학영재학교나 과학고등학교, 특히 과학영재학교 출신이 의대에 진학하는 비율이 너무 높아서 사회적으로 문제가 되었기 때문이다. 지금은 각 학교뿐 아니라 교육청이나 대학교 차원에서도, 국가나 사회로부터 상당히 많은 혜택을 받으면서 기초과학을 집중적으로 공부한 학생들이 의대에 진학하도록 전혀 도와주지 않는다.

물론 어떤 종류의 학교에 진학하느냐보다 어떤 선생님을 만나느냐가 더 중요하다. 학생의 교육을 담당하는 것은 결국 선생님이기 때문이다. 일반계 고등학교에도 훌륭한 과학 선생님들이 굉장히 많고, 그런 선생님들 중에서는 본인의 소신에 따라 과학 특화 고등학교로 가지 않고 남아 있는 경우도 적지 않다. 일반계 고등학교에 계신 선생님도 '적어도 내가 맡은 이 과학 과목만큼은 최고로 교육하겠다'고 다짐하며 훌륭한 과학 프로그램들을 개발해 도입하기도 한다.

결론적으로, '어디서 공부하느냐'보다는 '어떻게 공부하느냐'와 '얼마나 자기주도적으로 공부하느냐'가 더 중요하다고 생각한다. 자기주도적으로 자신감을 가지고 폭넓게 공부하는 것이 절대적으로 중요하다. 서울대에는 과학영재학교나 과학고등학교 출신 학생들이 많이 입학하는데, 이 학생들은 확실히 대학 공부도 빠르게 잘 따라간다. 고등학교 과정에서 훨씬 더 높은 수준까지 훈련했기 때문이다. 그렇지만 일반계 고등학교를 나와서 서울대 이공계에 진학한 학생들도 모두 아주 우수하다. 그래서 3-4학년이 되면 과학영재학교나 과학고등학교 출신 학생들과의 격차를 거의 따라잡는다. 다시 말하지만 어느 학교에서 공부하느냐보다 스스로 어떻게 공부하느냐가 중요하다고 할 수 있겠다.

8장 학교 밖에서 과학 공부하기

7장에서는 과학 특화 고등학교 세 곳의 특징을 살펴보았다. 8장에서는 다섯 곳의 국립과학관을 비롯한 학교 밖 공간에서 이루어지는 다양한 과학 관련 프로그램에 대해 이야기해 보겠다. 더불어 해외여행 시 자녀와 함께 방문하면 좋을 장소까지 소개하고자 한다.

학교 밖 과학교육

학교 교육은 국가 교육과정 및 학교의 자체 교육과정에 따라 운영된다. 이처럼 제도화된 커리큘럼을 따르기 때문에 '형식 교육Formal Education'이라고도 한다. 반면 학교 밖에서 이루어지는 교육의 경우 학습 참여의 시간이나 공간에 제약이 없으므로 '무형식 교육Informal Education'이라고 한다. 교육 시기와 순서에 제약이 없을뿐더러 스스로의 선택에 따라 그 내용이 달라지기 때문에 '자유선택 학습Free

Choice Learning'이라고도 부른다. 자유선택 학습은 성인이 되어서도 할 수 있기 때문에 시기 또한 학창 시절로 한정되지 않는다. 한편 무형식 교육 외에도 비형식 교육Nonformal Education이라는 개념이 있다. 비형식 교육은 형식 교육은 아니지만 어느 정도의 커리큘럼이 존재한다. 자격증을 따기 위해 학원에 다니는 것을 예로 들 수 있다. 반면 무형식 교육은 일상생활에서 접할 수 있는 모든 학습을 일컫는다. 이 책에서는 무형식 교육과 비형식 교육을 모두 포괄하는 개념으로서 무형식 교육을 사용하고자 한다.

무형식 교육의 형태로 과학을 배울 수 있는 공간으로는 과학관, 전시관, 자연사박물관, 천문대, 수목원 등을 들 수 있다. 학교 밖에서도 다양한 과학을 접할 수 있는 것이다. 그중 가장 대표적인 장소가 국립과학관이다. 우리나라에는 현재 다섯 개의 국립과학관이 있다. 각각 대전, 과천, 부산, 대구, 광주에 위치하며 과학 도시인 대전에 있는 곳을 국립중앙과학관이라고 한다. 현재 2025년 3월 완공을 목표로 강원도 원주에 여섯 번째 국립과학관이 지어지고 있다.

국립과학관에서는 청소년 대상의 과학 활동을 중심으로 다양한 활동과 전시가 진행된다. 과학 전 분야에 걸친 전시실이 있을 뿐 아니라 360도 돔 형식으로 된 천체 투영관에서 별자리를 관측할 수도 있고, 메이커 스페이스에서 공작 활동도 할 수 있다. 이 외에도 생태관, 옥외 전시 공간 등이 다양하게 마련되어 있다. 이 과학관들은 종합과학관의 성격을 띠며, 자격을 갖춘 과학 해설사 또는 도슨트에게 설명을 들을 수 있다는 특징이 있다. 지역에서 청소년 과학 활동을 위한 허브 역할을 담당하는 것이다.

다섯 곳의 과학관은 각각 특색이 있다. 국립중앙과학관은 우리나라에서 가장 오래된 대표적인 국립과학관이다. 역사에 걸맞게 건물 곳곳에 많은 전시관과 전시물, 다양한 조형물이 있는 것이 특징이다. 과천과학관은 비교적 최근에 지어졌으며 부메랑 혹은 날개를 닮은 독특한 건물 디자인이 돋보인다. 이 두 과학관은 특히 규모가 크다. 항구 도시인 부산에 있는 국립과학관은 외관이 배 모양이고, 산업단지가 모여 있는 대구에 위치한 국립과학관은 IT, 화학, 생명과학 등 첨단 과학에 특화되어 있다. 광주의 국립과학관은 빛의 도시, 예술의 도시라는 상징을 살려 여러 개의 조명이 건물을 비추고 있으며 그 주위는 잔잔한 물로 둘러싸여 있다.

전 세계의 유명 과학관들은 건물 자체도 아름다움을 자랑하는데, 우리나라의 국립과학관 또한 그에 뒤처지지 않는다. 런던의 과학박물관과 자연사박물관, 샌프란시스코 과학관, 파리의 라빌레트, 도쿄의 미래관처럼 한국의 과학관도 관광자원화되어 전 세계에서 방문객이 찾아오는 장소가 되었으면 한다. 이어지는 절에서는 이 다섯 곳의 국립과학관에 대해 좀 더 자세히 소개해 보겠다.

나들이는 국립과학관으로

우리나라의 국립과학관
❶ 국립중앙과학관
❷ 국립과천과학관
❸ 국립부산과학관
❹ 국립대구과학관
❺ 국립광주과학관

국립중앙과학관은 1990년 대전 엑스포를 계기로 개관해 바로 옆에 엑스포 과학 공원이, 근처에 대덕연구단지가 있다. 게다가 대전에는 한국과학기술원과 충남대학교도 있으므로 과학 인프라가 풍부하다. 과학관 내에는 자연사관, 과학기술관, 인류관, 창의나래관, 꿈아띠 체험관 등 다양한 어린이용 체험 공간이 마련되어 있어서 여러 가지 과학 관련 체험 활동을 할 수 있을 뿐 아니라 전시 관람도 가능하다. 꿈아띠 체험관은 7세 이하의 취학 전 아동을 위한 전시관이고, 창의나래관은 참여형 쇼를 운영하는 테마파크형 체험 시설이다. 생물탐구관, 어린이 과학관 같은 특별 전시관도 있으며 전통과학대학, 자연탐사 체험프로그램 등 다양한 교육 프로그램이 열려 종합과학관으로서의 면모를 보여 준다.

국립과천과학관은 2008년에 개관했고 인근에 국립현대미술관, 서울대공원, 경마 공원이 있다. 과학관을 방문하면서 다른 시설들도 관람이 가능하다. 국립과천과학관에는 과학탐구관, 자연사관, 한국과학문명관, 미래상상SF관 등의 상설 전시관이 있다. 넓은 공간을 보유한 만큼 야외 전시관이 많은 것이 특징이며 교육 프로그램도 다양하다. 최근에는 성인 과학 아카데미도 생겼으니 아이와 함께 방문한 부모라면 참여해 보기를 권한다. 아이들에게 추천할 만한 프로그램으로는 과학교육 구독 서비스 '과학이 또옴'이 있다. 7-9세를 대상으로 국립과천과학관이 자체 개발한 학습 교재와 활동 재료를 정기적으로 보내 주는 프로그램이다.

국립부산과학관은 부산광역시 기장군에 위치하며 인근에는 국립수산과학관과 유명한 관광지인 해동 용궁사가 있다. 국립부산과학관의 로고인 'Sciport'는 Science(과학)와 Port(항구)가 결합한 표현으로, 교통과 수송이라는 부산의 지역성이 드러난다. 그래서인지 상설 전시관의 경우 1관은 자동차·항공우주, 2관은 선박, 3관은 에너지·의과학을 주제로 운영하고 있어 아이와 함께 '바퀴는 왜 동그래야 할까? 사각형이면 안 될까?'와 같은 주제를 고민해 볼 수 있다. 국립부산과학관은 상대적으로 규모가 작지만 단체 프로그램, 개인 프로그램, 캠프 프로그램, 천체관측 프로그램 등 교육 프로그램이 매우 많다. 예를 들어 개인 교육 프로그램의 경우 유아 과학 교실, 창의 탐구 교실, 실험 탐구 교실, 인공지능 교실, 소프트웨어 코딩 교실 등으로 다양하게 구성되어 있어서 원하는 프로그램을 자유롭게 선택해 들을 수 있다.

국립대구과학관은 2013년에 개관했으며 대구광역시 달성군에 위치한다. 국립대구과학관의 핵심 주제는 지역의 산업과 연계된 IT 산업 및 녹색에너지이다. 네 개의 상설 전시관(자연과 발견, 과학기술과 산업, 생명의 진화, 과학기술문명사)과 4D 영상관, 천체 투영관, 꿈나무과학관 등이 있다. 특히 세계 최대 크기의 물시계, 지구의 환경 변화를 관측할 수 있는 SOS(Science On a Sphere) 시스템, 공중 외발자전거 등이 인기 전시물이다. 인근에 비슬산자연휴양림이 있어 함께 즐길 수 있다.

국립광주과학관은 국립대구과학관과 같이 2013년에 개관했으며 광주광역시 첨단 지구에 있다. 바로 옆에 광주과학기술원과 광주과학고등학교가 있으며, 인근에 과학기술 관련 기관이 많이 위치한다. 빛의 공간이라는 의미의 'Lucerium'이 이곳의 상징이며, 특히 두 개의 상설 전시관(빛의 세계관, 과학과 예술관)은 빛의 도시로서의 광주시의 특징을 나타낸다. 그 외에도 스페이스 360, 천체 투영관, 아이누리관, 3D·4D 영상관, 인공지능관 등이 있다. 물 위에 떠 있는 배를 연상시키는 과학관의 건물이 특히 눈에 띈다.

위 다섯 곳은 모두 과학기술정보통신부, 즉 과기부가 주체인 종합과학관이었다. 이번에는 과기부 이외의 부처에서 운영하는 기관을 추가로 소개하고자 한다. 먼저 서울에 있는 국립어린이과학관이다. 사실 이 역시 과기부 소속이지만 이름에서 알 수 있듯이 어린이에 특화된 곳이라 별도로 소개해 보려고 한다. 국립어린이과학관은 서울 종로구에 위치하는데, 원래 이곳은 국립중앙과학관이 있던 자리로 국립중앙과학관이 과천과 대전으로 나뉘어 옮겨지면서 어린이과학관으로 특화되었다. 이곳은 다른 과학관과 마찬가지로 일요일을 제외하고 오전 9시 반부터 오후 5시 반까지 개방한다. 특이한 것은 어린이과학관이므로 보호자 동반이 필수라는 점이다. 상설 전시관과 더불어 여러 가지 교육 프로그램이 마련되어 있다.

전시관으로는 많은 과학관에서 볼 수 있는 천체 투영관을 비롯해 4D 상영관, 천체관측소, 메타버스 과학관 등이 있다. 어린이과학관이므로 교육 프로그램은 주로 유아를 대상으로 한다. 홈페이지를 통해 매달 어떤 프로그램이 열리는지 확인하고 신청할 수 있다. 아이들을 대상으로 한 로봇 쇼나 재미있고 화려한 과학 실험 시연 등과 같은 사이언스 쇼도 운영한다.

이 외에도 환경부 소속의 국립생태원, 국립수산과학원 소속의 국립수산과학관, 해양수산부 소속의 국립해양과학관, 기상청에서 운영하는 국립기상과학관, 산림청 소속의 산림과학관 등이 있다. 이처럼 자연, 생태, 해양, 기상, 산림 등 다양한 주제에 특화된 국립과학관에서는 상당히 큰 규모의 전시실과 관련 교육 및 체험 프로그램을 제공한다.

여성가족부에서 운영하는 청소년 시설인 국립청소년센터도 있다. 국립청소년센터는 현재 고흥, 김제, 영덕, 봉화 네 곳에 설치되어 있으며 각각 특화된 주제를 갖고 운영된다. 예컨대 나로우주센터가 있는 전남 고흥의 국립청소년우주센터에는 우주와 관련된 여러 전시물과 활동 프로그램이 마련되어 있다. 이 외에도 국립청소년농생명센터, 국립청소년해양센터, 국립청소년미래환경센터가 있으며 주중은 물론 주말에도 다양한 교육 프로그램을 운영한다.

한편 세계 각지에는 소위 산업박물관이라는 곳이 상당히 많다. 미국 시카고, 영국 맨체스터 등 주로 산업도시에 위치하는데, 안타깝게도 우리나라에는 아직 국립산업기술박물관에 해당하는 기관이 없다. 현재 울산광역시가 유치를 위해 다방면으로 노력 중이며, 우리나라는 세계적인 제조업 국가인 만큼 하루빨리 산업을 주제로 한 교육기관이 설립되었으면 한다. 기초과학과 그에 대한 체험 활동도 중요하지만, 산업기술과 관련된 내용이 전시되어 학생들이 종합적으로 체험하고 학습할 수 있는 공간 역시 마련되었으면 하는 바람이다.

과학관을 방문할 때 알아 두면 좋은 팁

국립과학관과 같이 큰 과학관을 방문할 때 알아 두면 좋은 몇 가지 팁을 소개한다. 첫 번째, 조금씩 나눠 보자. 국립과학관은 일반적으로 규모가 매우 크다. 따라서 전시관 수도, 종류도 많은데 모든 것을 한 번에 다 보려고 욕심을 내면 과학관 피로museum fatigue가 생길 수 있다. 과학관에서 겪은 부정적인 경험에 대한 설문조사 결과 '많이 걸어서 다리가 아프다', '이해하기 어렵다', '건물이 커서 이동이 힘들다', '직접 체험하는 것이 적다', '지난번에 방문했을 때와 달라진 것이 없다' 등의 응답이 있었다. 즐거운 과학관이 피로한 공간이 되지 않도록 조금씩 나눠 보기를 권한다. '오늘은 1관만 보고, 2관은 다음에 와서 보자'와 같이 자녀와 관람할 부분을 나누어 계획하는 것이 중요하다. 한 번에 너무 많이 보려고 하지 않아도 된다.

두 번째, 즐기면서 배우자. 즐기는 것과 배우는 것 모두 중요하다는 뜻이다. 아이들은 과학관에 가면 크고 움직이는 것들이 많아 신이 난다. 그런데 정작 원리는 알지 못한 채 이것저것 작동만 해보고 지나가 버리는 경우가 굉장히 많다. 이렇게 되면 관련된 과학 지식을 제대로 이해하지 못해서 이후 이어지는 과학 활동에서도 흥미를 얻지 못할 수 있다. 이러한 이유로 최근 과학관은 손으로 직접 해보는 활동hands-on에서 이해를 중시하는 활동minds-on으로 변화를 꾀하는 중이다. 또한 이해를 넘어 공감 활동hearts-on으로까지 과학관의 특징이 옮겨 가고 있다.

국립과학관에서는 과학 전문 해설사가 투어를 진행하기도 한다. 좋은 해설사의 설명을 들으면 얻을 수 있는 것이 더욱 많아진다. 대부분 예약이 필요하니 과학관 홈페이지에서 확인해 보자. 프로그램 참여는 자녀에게 가장 가깝고 흥미로운 것부터 시도하는 것이 좋다. 특히 친구나 가족과 함께 가는 것이 어린 나이의 학생들에게는 아주 효과적이다.

전국의 크고 작은 과학관

전국에는 다섯 곳의 종합 국립과학관과 각 부처에서 설립한 국립과학관 외에도 다양한 시립, 구립, 민간 과학관이 있다. 민간 과학관은 다시 기업이 운영하는 곳과 개인이 운영하는 곳으로 나뉜다. 등록된 과학관만 해도 170여 개이며, 등록되지 않았지만 과학과 관련된 기관은 훨씬 더 많으리라 추정한다.

과학관과 관련된 종합적인 정보가 필요하다면 '전국과학관길라잡이' 누리집(smart.science.or.kr)을 활용하는 것을 추천한다. 누리집에 들어가면 어느 지역에 어떤 주제로 어떤 과학관이 등록되어 운영 중인지, 어떤 프로그램이 있으며 어떻게 신청하는지를 종합적으로 확인할 수 있다. 기관의 형태와 교육·학문, 자연사, 산업 등 분류에 따

전국과학관길라잡이 누리집

라 여러 정보를 검색할 수 있으며 일부 해외 과학관에 대한 정보도 제공한다.

    그러나 앞서 언급했듯 공식적으로 등록되어 있지 않은 과학 관련 기관도 많다. 그 주제만 해도 민속, 농업, 김치, 소리, 전기, 석탄, 한의학, 실크 등 셀 수 없을 정도이다. 따라서 어디에 가서 무엇을 보느냐보다 중요한 것은 어떤 체험을 하느냐, 어떤 경험을 하고 어떤 것을 느끼느냐이다. 선택을 돕기 위해 필자가 직접 방문해 보고 추천할 만하다고 느낀 곳을 간단하게 소개하고자 한다. 여기서 언급하지 않았더라도 훌륭한 곳이 많으니 부디 자녀와 함께 적극적으로 찾아

보기 바란다.

먼저 계룡산국립공원 자락에 위치한 한국자연사박물관이 있다. 이곳에는 암석, 보석, 화석 등 자연사 관련 유물이 전시되어 있는데, 대부분의 민간 박물관이 그러하듯이 설립자가 평생에 걸쳐 세계 곳곳을 뒤지며 모은 것들이다. 다양한 체험과 교육 프로그램도 즐길 수 있다. 다음으로 서대문구에서 운영하는 서대문자연사박물관은 규모가 크지는 않지만 체계적으로 운영된다. 해설과 교육 프로그램, 학생 참여 프로그램이 잘 짜여 있어 전공자들이 스터디 목적으로 방문하기도 한다. 서울 내에서 알찬 경험을 하고 싶다면 이곳을 추천한다.

과천에는 국립과천과학관, 국립현대미술관 과천관, 서울대공원 외에도 한국카메라박물관이 있다. 민간에서 운영하는 아주 작은 박물관이지만 전 세계 어디에 내놔도 뒤처지지 않을 만큼 방대한 양과 종류의 카메라를 소장한 곳이다. 체험이나 교육 프로그램은 상대적으로 적으나, 19세기 말과 20세기 초에 등장했던 아주 초기 형태의 카메라부터 최근 카메라까지 그 변천사를 자세히 배울 수 있다. 어린이뿐 아니라 카메라에 관심 있는 어른이 방문해도 좋겠다.

부산역 근처에 위치한 부산과학체험관은 부산광역시 교육청에서 운영하는 곳이다. 뒤에서도 소개할 세계에서 가장 유명한 체험형 과학관인 샌프란시스코 과학관의 정신을 담은 훌륭한 전시물을 갖추고 있다. 규모가 아주 크지는 않지만 효율적으로 디자인되어 있으며, 아이들이 다양한 체험을 하며 과학 원리를 확인하고 경험할 수 있는 곳이므로 강력히 추천한다.

　이 외에도 어린이들이 재미있게 관람할 수 있는 춘천의 토이로봇관, 소리에 대해 공부할 수 있는 강릉의 참소리축음기·에디슨과학박물관 역시 추천할 만하다. 천문 관측을 할 수 있는 천문대, 꽃과 식물을 즐길 수 있는 식물원 및 생태원도 많이 있다. 이처럼 전국의 각 시도에는 매우 다양한 과학 관련 시설이 자리한다. 세상은 넓고 갈 곳은 무척이나 많다. 과거에는 우리나라에 이러한 시설이 부족했지만 지난 20~30년 사이에 크게 늘어났다. 대규모 과학관을 제외하고는 규모상 훌륭한 교육 활동 프로그램, 설명 프로그램을 운영하기 어려울 수 있으나 나름대로 전시와 기타 활동을 알차게 운영하는 소규모 과학 관련 시설과 공간도 많다는 점을 알아 두자.

해외여행 중 박물관과 과학관으로

해외의 훌륭한 박물관 및 과학관 몇 군데도 간단히 소개하고자 한다. 영국 런던은 필자가 유학 생활을 했던 도시이자 연구차 비교적 자주 방문하는 곳이기에 이곳부터 이야기해 보겠다.

　런던에는 엑시비션 거리 Exhibition Road 라는 곳이 있다. 다이애나 비 다이애나 스펜서 Diana Spencer 가 생활했던 곳으로 유명한 켄징턴궁의 남쪽에 있는 사우스켄징턴 지역에 위치하는데, 영국의 가장 유명한 과학 관련 시설이 이 거리에 모두 모여 있다. 먼저 런던과학박물관Science Museum이 있고, 그 옆에 위치한 런던자연사박물관Natural History Museum London은 런던과학박물관보다 훨씬 더 크고 세계에서 몇 손가락에 들어갈 만한 수준이

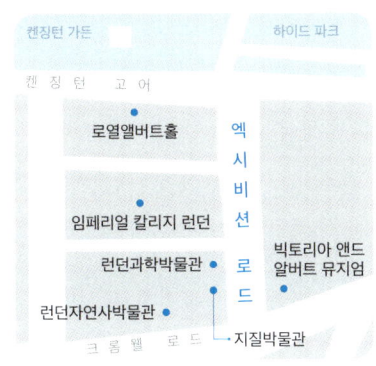

런던 엑시비션 거리

다. 그 사이에는 지질박물관Geological Museum과 공예, 디자인으로 유명한 빅토리아 앤드 알버트 뮤지엄Victoria and Albert Museum도 있다.

임페리얼 칼리지 런던Imperial College London이라는 영국에서 제일 유명한 공과대학도 이 거리에 위치한다. 훌륭한 공과대학, 세계적인 규모의 박물관 서너 군데가 한곳에 모여 있어 엑시비션 거리에서만 일주일 내내 구경할 수도 있다. 그뿐만 아니라 돔형으로 된 유명한 음악당인 로열앨버트홀과 음악 학교도 있다. 그 외 지역에서는 큐왕립식물원Kew Gardens이라는 유명한 식물원을 꼽을 만하다. 영국은 큰 제국을 운영했던 나라인 만큼 전 세계에서 다양한 식물을 가져와 멋진 식물원 겸 공원을 만들었다. 언급한 장소는 모두 강력하게 추천할 만한 곳이니 런던에 대영박물관뿐 아니라 이런 곳도 있음을 꼭 기억하시기 바란다.

이제 다른 나라로 가보자. 앞서 언급한 미국의 샌프란시스코 과

학관Exploratorium은 전 세계의 과학관을 전시물 중심에서 체험 중심으로 바꾼 계기가 된 곳이다. 과학에 관심 있는 아이들이 가면 눈이 동그래질 정도로 아주 훌륭한 전시물이 가득하다. 도쿄의 일본과학미래관日本科學未來館에서는 최신 과학과 관련된 전시가 열리며, 파리 라빌레트 공원에 있는 과학산업관Cité des Sciences et de l'Industrie도 굉장히 유명하다. 싱가포르 사이언스센터 역시 학생들이 참여할 활동이 많은 훌륭한 곳이다. 핀란드 헬싱키 인근에는 유레카Heureka라는 작은 과학관이 있는데, 소규모이지만 아주 재미난 체험을 할 수 있고 전시 아이디어가 독특하다. 호주 캔버라에 위치한 현대식 체험형 과학관 퀘스타콘Questacon에는 샌프란시스코 과학관만큼이나 체험형 전시가 많다. 이탈리아의 유명한 관광 도시 피렌체의 갈릴레오 박물관Museo Galileo에는 당시 만들어진 다양한 온도계와 망원경 등 갈릴레오와 관련된 전시물이 많아 개인적으로 깊은 감명을 받기도 했다. 이탈리아 볼로냐 대학교에는 해부학 중심의 과학관도 있다. 언급한 도시들은 모두 세계적으로 관광하기 좋은 곳일 뿐 아니라 멋진 과학관도 있으니 아이와 미리 준비한 후에 방문하면 체험을 통해 공부도 하고 가족 간에 많은 대화도 나눌 수 있을 것이다.

즐거운 주말을 위한 과학 프로그램

지금부터는 주말에 참여할 수 있는 과학 관련 프로그램을 소개하고자 한다. 이 역시 다양하지만 가장 대표적인 프로그램과 필자가 개인적으로 잘 아는 분야를 중점적으로 다루겠다.

첫 번째는 한국과학창의재단KOFAC에서 지원하고 지역별로 운영되는 생활과학교실이다. 현재 전국에 서른세 개의 지역운영센터가 아래 그림과 같이 분포되어 있다. 생활과학교실은 대개 지역에 있는 대학교에서 운영하는데, 연구원이나 연구시설이 운영하는 경우도 있다. 특히 주말에 초등학생 또는 중학생을 대상으로 과학, 수학, IT 분야의 프로그램이 진행된다. 생활과학교실이 시작된 것은 2003년으로, 서울대는 2009년대 초반에 관악구와 함께 참여하기 시작했으며 필자가 책임자를 맡아 운영한 적도 있다. 당시 서울대 과학 팀이 관악구 동사무소, 지금의 지역 주민센터에 찾아가 부모와 아이들을 위한 프로그램을 진행했던 기억이 난다. 프로그램에 대한 긍정적인 반응에 힘입어 사업이 점차 확장되었고, 지금은 전국에

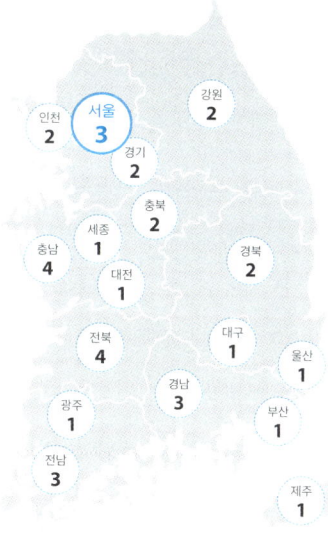

생활과학교실 지역운영센터 현황

서 운영 중이다. 한국과학창의재단이 꾸준히 지원하고 정기적으로 운영 기관을 새로 선정해 운영하고 있다. 자녀가 장기간에 걸쳐 수준 높은 과학 프로그램을 체험할 수 있는 좋은 기회이므로 관심을 가지고 찾아 보기 바란다.

두 번째는 대학 부설 과학영재교육원이다. 우리나라에서 과학영재를 대상으로 진행되는 프로그램은 작게는 학교 단위의 영재 교실이, 조금 더 크게는 지역 교육 지원청 단위의 영재원이, 그다음으로 대학에서 운영하는 과학영재교육원이 있다. 대학 부설 과학영재교육원 역시 한국과학창의재단의 지원을 받으나 운영 주체는 각 대학이며, 서울대를 포함해 전국 스물일곱 개 대학에 설치되어 있다. 상당히 체계적이고 수준 높은 프로그램이 진행되므로 생활과학교실과 달리 학생 선발 과정이 존재한다. 특히 중등반의 경우 경쟁이 상당하므로 과학에 더욱 몰입하고 싶어 하는 학생이 고려하면 좋겠다.

권역별로 수도권 및 강원 열 곳, 영남 및 제주 여덟 곳, 충청 및 호남 아홉 곳의 교육원이 있다. 이 기관들은 주로 초등학생과 중학생을 대상으로 하며 탐구 체험, 연구 프로젝트 등이 진행된다. 구체적인 프로그램은 학교마다 다르지만 대학 부설 과학영재교육원은 꽤 수준 있는 연구 프로젝트를 운영하므로 가능하다면 경험해 보기를 권한다. 대학 부설 과학영재교육원 누리집(seit.kr/main)에서 권역별 관련 기관 정보를 확인할 수 있다.

다음으로 삼성꿈장학재단에서 운영하는 여러 청소년 프로그램

중 배움터 교육 지원 사업이 있다. 주로 저소득층 아동 및 청소년을 위한 교육을 제공하는데, 그중 과학 및 IT와 관련된 프로그램도 있다. 지원 자격에 제한이 있기는 하지만 앞서 언급했던 생활과학교실 또는 대학 부설 과학영재교육원을 운영하는 대학 또는 기관이 해당 사업도 같이 운영하는 경우가 많아 다양한 콘텐츠와 노하우, 훌륭한 강사진이 축적되어 있다는 점이 장점이다.

마지막으로 대한민국과학축제, 줄여서 '대축'이라고 부르는 대규모 행사가 있다. 한국과학창의재단에서 직접 주최하며 주말을 포함해 3-4일간 진행되고, 지방에서 개최되는 경우 일주일 정도 이어지기도 한다. 4월 과학 주간이나 지자체별로 더 좋은 시기를 택해 열린다. 대축에 가면 청소년들이 운영하고 참여하는 과학 부스도 있으며 다양한 특강, 전시회, 공연 등을 볼 수 있다. 장기적인 교육 프로그램은 아니지만 아주 다양하고 새로운 체험을 할 수 있는 행사이므로 꼭 방문해 보기를 권한다.

그렇다면 주말 과학 프로그램에는 어떤 방식으로 참여하는 것이 좋을까? 첫째, 우리 동네에서부터 시작하자. 찾아 보면 과학 프로그램은 지역별로 하나씩은 있기 마련이다. 검색 후 끌리는 곳부터 방문해 보자.

둘째, 여행 중에는 과학관을 찾아 잠시 들르자. 국내 여행을 갈 때 아주 한적한 곳이 아니라면 대부분 근처에 다양한 종류의 과학관이 있을 것이다. 해외 대도시 과학관의 훌륭함은 말할 필요도 없다.

해외여행을 갈 일이 많지는 않지만 가끔 학술대회에 참여하기 위해 다른 도시에 방문하면 반드시 그 도시의 과학관부터 찾아가는 습관이 있다. 과학관은 쾌적하고 편리하며 굉장히 싼 것이 장점이다. 심지어 무료인 곳도 많다.

마지막으로 자녀와 함께 과학관에 갈 때는 일회성으로 방문하기보다는 가급적 프로그램 등을 신청해 장기적으로 참여하도록 하자. 길게 경험할수록 그 양이 늘어나고 폭이 깊어지기 때문에 아이가 보다 주체적으로 참여할 수 있다. 아는 만큼 보이고 찾는 만큼 보인다. 다만 많은 곳에 방문하는 것은 좋으나 너무 자주 또 너무 쉽게 여러 곳에 방문하는 것은 오히려 부정적인 영향을 주므로 주의해야 한다. 일회성 방문이 잦고 깊이 있는 체험이 따르지 않으면 아이가 이미 다 알고 있다고 생각하거나 새로운 곳에 가도 이전에 본 적이 있는 것 같다고 느끼게 될 수 있다. 결과적으로 과학에 대한 흥미가 오히려 떨어지게 된다. 자주, 많이 가는 것보다 중요한 것은 진중하고 깊이 있게, 적극적이고 주체적이며 즐거운 마음으로 참여하는 점임을 잊지 말자.

과학 공부를 어렵게 느끼는 이유

과학은 정말 어려운 과목일까? 학생들은 왜 과학 공부를 어렵게 느낄까? 9장에서는 과학 과목이 지닌 특징을 알아보며 과학을 특히 어렵다고 느끼게 되는 이유가 무엇인지 이야기해 보겠다.

과학 공부는 언제부터 어려워질까?

과학에 대한 자신감과 흥미는 두 개의 국제 성취도 비교 테스트를 통해 알아볼 수 있다. 경제협력개발기구(OECD)에서 주관하는 국제학업성취도평가(PISA)와 국제학업성취도평가협회(IEA)에서 주관하는 수학·과학 성취도 추이변화 국제비교 연구(TIMSS)가 그것이다. PISA는 3년 주기로, TIMSS는 4년 주기로 치러진다. 읽기·쓰기에 해당하는 국어 능력, 수학 관련 능력과 과학 능력을 주로 평가한다.

다음 표는 TIMSS 2019의 데이터이다. 우리나라 학생들은 수학, 과학 분야에서 높은 성취도를 보인다. 세계 50여 개 국가와 비교해 보아도 3등이나 4등이다. 문제는 자신감과 흥미가 세계 최저라는 점이다. 참여국 가운데 꼴찌이거나 뒤에서 두세 번째 정도이다. 도대체 왜 그럴까? 특히 초등학교에서 중학교로 갈 때 과학에 대한 자신감과 흥미가 크게 떨어지는 경향을 보인다. 그 하락 폭은 수학보다도 크다.

왜 초등학교까지는 즐거웠던 과학 공부가 중학교부터는 어려워지고 재미도 없어질까? 앞서 개념과 지식이 늘어나는 것이 초등학교 과학 공부와 중학교 과학 공부의 가장 큰 차이점이라고 이야기했다. 초등학생이 체험과 활동 중심으로 과학을 배웠다면, 중학생부터는 지식 위주로 과학을 배우는데 이러한 점들이 함께 영향을 미치는 것으로 보인다.

자신감과 흥미 하락은 우리나라의 수학·과학교육이 지닌 가장 심각한 문제이다. 사실 아이가 과학을 재미있어 하고 과학에 자신이 있다면, 당장 성적이 안 좋더라도 다시 공부하면 된다. 인생은 길다. 초등학교 때 못하면 중학교 때 더 공부하면 되고, 중학교 1학년 때 못하면 2학년 때 더 하면 된다. 그렇지만 자신감과 흥미가 한번 떨어지면 과학 공부로부터 완전히 멀어질 수밖에 없다. 이것이 가장 큰 문제라고 할 수 있다.

과학에 대한 자신감과 흥미와 관련해 가장 큰 영향을 주는 것이 바로 수학이다. 많은 사람이 '나는 수학을 못해. 그래서 과학은 하기

TIMSS 2019 중2 성취도 상위국 순위(총 39개국 참여)

수학			과학		
순위	국가	평균	순위	국가	평균
1	싱가포르	616	1	싱가포르	608
2	대만	612	2	대만	574
3	대한민국	607	3	일본	570
4	일본	594	4	대한민국	561
5	홍콩	578	5	러시아 연방	543
6	러시아 연방	543	6	핀란드	543
7	아일랜드	524	7	리투아니아	534
8	리투아니아	520	8	헝가리	530
9	이스라엘	519	9	호주	528
10	호주·헝가리	517	10	아일랜드	523

※ 성취도는 평균 500, 표준편차 100인 척도 점수임.

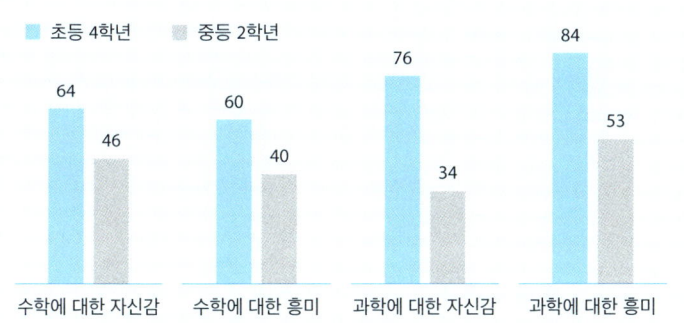

TIMSS 2019 수학과 과학에 대한 우리나라 학생들의 자신감과 흥미
출처: 한국교육과정평가원(2020), 『TIMSS 2019 결과 발표 별첨 자료』

9장 과학 공부를 어렵게 느끼는 이유

힘들어.'라고 생각하고, 과학이 아닌 수학 때문에 이과 계열에서 문과 계열로 방향을 전환하곤 한다.

하지만 수학을 가장 많이 쓰는 과학 과목인 고등학교 물리학조차도 중학교 수학 정도만 알면 이해하는 데 무리가 없다는 점을 꼭 강조하고 싶다. 좀 더 구체적으로 이야기하면, 이차방정식·삼각함수·미적분 개념 정도만 알고 있으면 물리 과목을 위한 수학적 기초는 대부분 갖춘 것이다. 즉, 수학 때문에 과학을 포기할 필요가 없다. 수포자가 물포자나 과포자로 이어지지 않기를 바란다.

구체적인 사례를 살펴보자. 비스듬히 던진 물체의 포물선 운동은 (2015 교육과정을 따르는) 현재 고등학교 학생들이 배우는 가장 어려운 단계의 물리학Ⅱ 과목에 등장하는 내용으로서 그중에서도 수식이 제일 많은 부분이다. 그런데 이 내용은 삼각함수 및 이차방정식 수준 정도의 함수 개념을 이해하고, 벡터 개념에 대한 약간의 이해만 있다면 수식을 유도할 수 있다. 이는 매우 어려운 수학이 아니며 계산도 복잡하지 않다. 물론 이렇게 배운 내용을 물리적 개념으로 이해해서 다른 데 응용할 수 있어야 한다. 하지만 그런 과정은 물리학에 해당하는 것으로, 수학이 핵심적으로 작용하는 분야가 아니다. 거듭 말하지만 수학에 대한 걱정 때문에 과학 공부가 어렵게 느껴진다면, 크게 걱정할 필요가 없는 것이다.

처음 속도의 수평 방향(x축 방향) 성분과 연직 방향(y축 방향) 성분은 다음과 같다.

$$v_{ox} = v_o\cos\theta, \ v_{oy} = v_o\sin\theta$$

수평 방향으로는 작용하는 힘이 없기 때문에 등속도 운동을 하고, 연직 방향으로는 중력이 작용하여 중력가속도 g로 등가속도 운동을 한다. 따라서 시간 t일 때 속도 v의 성분 v_x, v_y는 다음과 같다.

$$v_x = v_o\cos\theta \quad \cdots\cdots \text{①}$$
$$v_y = v_o\sin\theta - gt \quad \cdots\cdots \text{②}$$

따라서 수평으로 이동한 경로와 연직 방향으로 이동한 거리는 다음과 같이 각각 등가속도 운동과 등가속도 운동의 식으로 계산할 수 있다.

$$x = v_o\cos\theta \cdot t \quad \cdots\cdots \text{③}$$
$$y = v_o\sin\theta \cdot t - \frac{1}{2}gt^2 \quad \cdots\cdots \text{④}$$

이 두 식에서 t를 소거하면 물체의 경로를 x, y로 나타낼 수 있다.

$$y = \tan\theta \cdot x - \frac{g}{2v_o^2\cos^2\theta}x^2 \quad \cdots\cdots \text{⑤}$$

이 식도 역시 포물선 방정식을 나타낸다. 즉, 비스듬히 위로 던진 물체도 수평으로 던진 물체처럼 포물선 운동을 한다.

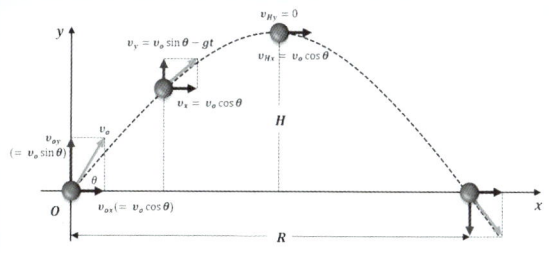

비스듬히 위로 던진 물체의 운동
출처: 강남화 외(2018), 『고등학교 물리학 II』, 31쪽

과학 공부에는 구조적 이해가 필요하다

과학 과목의 큰 특징은 구조적 이해가 필요하다는 것이다. 과학에서 다루는 개념들의 중심에는 핵심 개념이 있고 주변에 관련된 개념이 아주 복잡하게 연결된다. 이 둘 사이에는 선후관계가 있다. 다시 말해, 순서가 존재한다. 먼저 배워야 하는 선행 지식이 존재하기 때문에 이를 익혀야 전체 지식 구조 속에서 이어지는 주변 개념을 공부할 수 있다.

그렇다면 인문사회 분야 과목들은 어떨까? 예를 들어 역사를 공부한다고 해보자. 삼국시대 부분을 제대로 공부하지 않았더라도 고려시대 부분을 열심히 공부하면 고려시대는 이해할 수 있다. 마찬가지로 조선시대도 그 부분을 열심히 공부하면 어느 정도 이해가 가능하다. 필자가 역사에 문외한이어서 이렇게 쉽게 이야기하는 것인지는 모르겠지만, 적어도 과학만큼은 많은 경우 그렇게 공부할 수 없다. 지금 배우는 것 이전에 배워야 되는 것이 있기 때문에 어떤 개념을 모른다면 이전으로 자꾸 돌아가야 한다. 이처럼 정해진 공부 순서를 꼭 따라야 하기에, 어느 날 갑자기 '나는 과학을 잘할 거야' 하고 마음먹는다고 해서 그렇게 되기는 어렵다. 반면 평소에 꾸준히 공부해 온 학생들은 아주 쉽게 공부를 따라갈 수 있다.

이러한 상황은 대학교에서도 마찬가지이다. 물리학과에 온 학생들은 문제는 잘 풀지만 개념적인 이해가 불충분한 경우가 있다. 대학 물리학을 잘 공부하기 위해서는 고등학교 물리학 교과서, 심지어는 중학교 과학 교과서부터 다시 쭉 따라가며 공부해야 하는 것이다. 예컨대 전자기학은 고등학교 물리학 중 가장 복잡한 부분에 해당한다. 전기장과 자기장 개념을 공부한 뒤에는 전기와 관련된 주변 개념인 회로 연결 방식, 축전지, 트랜지스터 등을 공부한다. 모두 서로 연결된 개념이다. 자기 분야에서도 마찬가지로 전류에 의해 자기장이

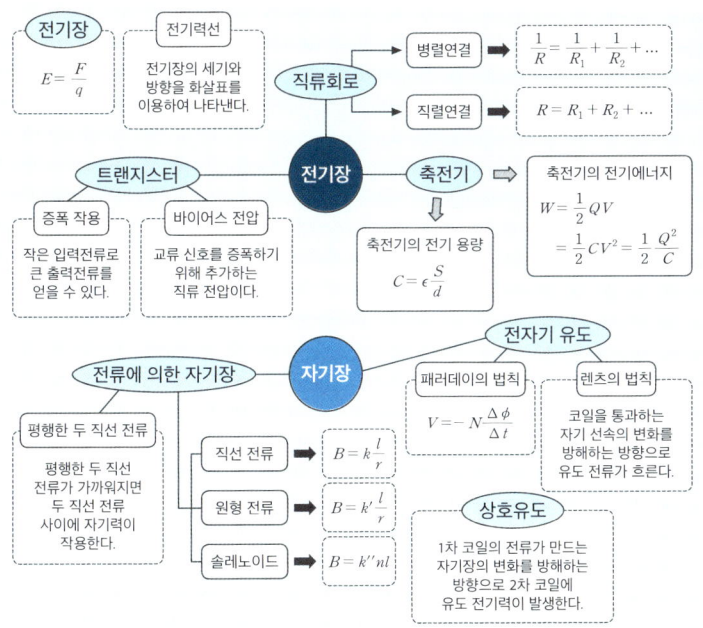

전자기학 개념도
출처: 강남화 외(2018), 『고등학교 물리학 II』, 140쪽

형성되는 것을 배우고, 이어서 전자기 유도와 관련된 개념을 배운다. 이렇듯 함께 배우는 개념들이 서로 강력하게 이어져야 한다. 연결된 전체는 또 앞에서 배웠던 역학과 연결되어야 한다. 그리고 역학과 전자기학은 다시 뒤에서 빛이나 현대물리학과 연결된다. 이처럼 꼬리에 꼬리를 무는 개념들이 있기에 어려움을 느낄 수밖에 없는 것이다. 꾸준한 공부가 훨씬 더 중요한 이유가 여기에 있다.

과학 공부와 '오개념'

과학 공부 과정에서는 소위 '오개념 misconception'이 많이 생긴다. 개념 concept 인식을 잘못했다는 의미이다. 사실 많은 학자가 오개념이라는 용어가 부적절하다고 말한다. 학생 수준에서 잘못된 개념을 가지는 것은 당연하며 자연스러운 변화의 과정이라는 이유에서이다. 그래서 오개념 대신 대안적 개념 alternative conception 이나 직관적 아이디어 intuitive idea 등의 명칭을 쓰자고 제안하기도 한다.

　　오개념에는 여러 원인이 있다. 그중 하나는 용어에서 비롯된 것이다. 과학 분야에서는 수많은 한자어가 쓰인다. 과학 개념을 잘 설명하기 위한 한자어들은 많은 경우 19세기경 일본이나 중국에서 번역한 영어 단어를 들여온 것이다. 물론 20세기에 들어 우리말로 새로 번역해 쓰는 과학 용어도 늘어났지만, 여전히 한자어가 근원인 경우가 꽤 있다. 그런데 요즘 아이들은 한자를 잘 모른다. 이에 한자를 알아야 이해가 쉬운 용어들을 그냥 무작정 외워 버리는 전략을 쓰는 경우가 있다. 한자를 그려서라도 공부하라고 말할 수도 없으니 매우 안타깝다. 아이들에게는 한자어를 쓰는 과학 공부가 어려울 수밖에 없다.

실제로 과학에서 사용하는 용어들을 보자. 충격량衝擊量, 운동량運動量, 동위원소同位元素, 희토류稀土類, 환형동물環形動物, 광합성光合成 등은 모두 한자어이다. 이 용어들의 뜻을 알려면 용어에 쓰인 한자의 고유한 뜻을 알아야 한다. 여기에 어려움을 느끼는 아이들에게는 한자를 무작정 외우지 않도록 용어를 풀어 설명해 주는 것이 필요하다.

또 일부 용어에서는 영어나 외래어를 그대로 쓰기도 한다. 에너지energy, 엔탈피enthalpy, 파워power 등이 그 예다. 이런 용어들을 이해하는 데도 어원이 우리말이 아닌 데서 비롯되는 어려움이 있기 마련이다.

사실 우리말 용어이더라도 어려운 것은 마찬가지이다. 예컨대 '힘'은 우리가 일상적으로 굉장히 많이 쓰는 단어이다. 그런데 물리학에서 말하는 힘에 대한 정의와 우리가 일상적으로 쓰는 힘은 의미가 겹치는 부분도 있지만 상당히 다르기도 하다. 우리가 평소에 힘이라고 말할 때는 물리학적 에너지라는 의미로도 많이 쓰고, 일률power이라는 의미로도 쓴다. "이 자동차의 힘이 세다. 몇 마력이다."라고 말할 때 힘은 실제로는 일률을 뜻한다. 물리학적으로 서로 다른 개념을 모두 힘이라는 용어로 지칭할 때 오는 문제점이 있는 것이다. 열, 원심력, 생물, 소화 같은 용어도 마찬가지이다. 예컨대 생물학에서 생명체로서의 '생물'은 꽤 많은 조건을 만족해야 한다. 신진대사도 해야 하고, 자손도 낳아야 하며, 자극에 대한 반응도 있어야 한다. 그런데 우리는 일상적으로 생물을 살아서 움직이는 것 정도로만 생각한다. '소화'도 마찬가지이다. 생물학적으로는 몸에 흡수되기 이전의 분쇄 과정까지를 소화라고 하지만 일상에서는 분쇄된 것을 흡수하는 과정을 주로 소화라고 이야기한다. 이렇듯 우리가 일상적으로 쓰는 용어의 의미가 과학적 정의와 일치하지 않을 때 과학을 공부하는 학생들이 어려움을 겪을 수 있다.

오개념의 두 번째 원인은 인간이 살아가는 생활환경과 관련이 있다. 우리는 특정한 중력과 대기층이 있는 지구라는 행성에서 태어나 살아가는 생명체이다. 명확하게 정해진 지구라는 생활환경 속에서 진화해 온 것이 우리 인류이고, 그 생활환경만을 우리가 실제로 경험한다. 그런데 초중학교부터 고등학교까지 공부하는 대부분의 물리학은 아이작 뉴턴이 확립한 뉴턴 물리학으로, 물리학에서는 고전물리학이라고 한다. 이 뉴턴 물리학은 힘을 통해 물체가 어떻게 운동하는지를 보고 그때의 힘과 물체 사이의 관계에 주목하면서 나머지 조건들은 거의 무시하는 경우가 많다. 예컨대 마찰이나 저항이 없다고 가정하거나, 완벽한 구형의 물체를 가정하거나, 질량은 있지만 크기가 없는 물체를 가정하기도 한다. 물리학 용어로 이상화 idealization라고 부르는 과정인데, 이상적인 상황을 만들어서 현실의 핵심을 보고자 하는 것이다. 이렇게 해야만 물리학을 이해할 수 있다.

그런데 우리가 실제로 사는 세계에는 언제나 마찰과 저항이 존재한다. 이에 이상화된 물리학 지식과 충돌이 발생하는 것이다. 예를 들면 현실에서 힘을 가하지 않은 물체가 멈추는 현상은 지극히 자연스럽다. 굴러가는 물체는 항상 언젠가는 멈춘다. 그런데 이는 물리학적으로 보면 잘못된 것이다. 물리학적으로 구르는 물체가 멈추는 이유는 마찰력이 존재하기 때문이다. 즉, 힘이 없어서 멈추는 것이 아니라 마찰력이라는 다른 힘이 있어서 멈추는 것이다. 이런 경우도 상상해 보자. 코끼리와 생쥐가 서로 잡아당긴다고 했을 때 누가 누구에게 더 큰 힘을 가하고 있는 것일까? 당연히 코끼리가 더 큰 힘으로 잡아당긴다고 생각하기 마련이다. 그러나 물리학적으로는 그렇지 않다. 바닥과 마찰이 있는 곳에서 코끼리와 생쥐가 서로를 잡아당기기 때문에 코끼리는 잘 안 끌려가고 생쥐는 끌려오는 것처럼 보이지만, 아무런 마찰이 없는 우주 공간이라면 둘 사이에 잡아당기는 힘 자체는 똑같다는 것이다. 즉, 코끼리가 생쥐를 잡아당기는 힘이나 생쥐가 코끼리를 잡아당기는 힘은 같다. 다만 코끼리는 엄청나게 크기 때문에 가속도가 작아서 거의 움직이지 않는 것처럼 보일 뿐이다.

이렇듯 우리가 살아가는 환경은 이상화된 곳이 아니라, 1기압의 대기압과 $9.8m/s^2$이라는 중력가속도가 있는 지구이다. 따라서 우리가 늘상 보고 느끼며 경험하는 자연현상은 물리학이나 과학에서 이야기하는 것과 다를 수 있다. 이런 데서 비롯되는 오개념은 특히 물리학에서 매우 크게 작용한다.

또 다른 예를 들어보자. 지구가 자전할 때, 적도 상의 한 점에 서 있는 사람이 주변 물체들과 함께 움직이는 평균 속력은 시속 1,670킬로미터이다. 상상이 가는가? 아마 전혀 상상할 수 없을 것이다. 우리는 가만히 서 있을 때 옆에 놓인 모든 것이 정지해 있다고 느낀다. 이는 우리 주변의 모든 것들이 동시에, 똑같은 속력과 똑같은 방향으로 움직이기 때문이다. 즉, 모든 것은 실제로 정지해 있지 않다. 다만 정지해 있는 것처럼 보일 뿐이다.

과학을 엄밀하게 공부하려면 이와 같이 자기중심적 관점에서 탈피할 수 있어야 한다. 다시 말해 지구로부터 벗어난 관점으로 현상을 관찰하는 능력이 필요하다. 이것은 쉽지 않을 수 있다. 인간은 이미 지구환경 속에서 경험한 것들에 익숙하기에 지구로부터 벗어난 관점이 어떤 것인지를 잊고 살아가기 때문이다. 예를 들면, 우리는 평소에 대기압을 느끼지 못한다. 실제로 대기압의 압력은 1,013헥토파스칼(hPa)이다. 헥토(h)는 100배를 의미하므로 1,000헥토파스칼은 10만 파스칼(Pa)에 해당한다. 1파스칼은 1뉴턴(N)의 힘이 1제곱미터에 작용하는 정도의 힘이며 1뉴턴은 약 100그램의 질량이 누르는 힘이다. 좀 복잡하지만 다시 정리해 보면, 대기압의 압력인 1,013헥토파스칼은 1제곱미터 넓이에 약 10만 파스칼, 즉 1만 킬로그램의 질량이 누르는 힘과 같다. 우리는 그런 환경에서 살고 있는 것이다. 바닷속에서는 10미터씩 내려갈 때마다 1기압씩 압력이 더해진다. 이는 어마어마한 압력으로, 우리는 그 어마어마한 압력이 있는 지구에서 최적화되어 자유롭게 살 수 있도록 진화했다.

이 외에도 인간 중심적인 사고로 인한 오개념의 예시는 수없이 많다. 지구는 늘 자전하고 공전한다. 시속 1,670킬로미터라는 어마어마한 속도로 자전하는 지구는 또 어마어마한 속도로 태양 주위를 공전하고 있다. 그렇게 보면 우리 주변의 모든 것이 그대로 있는 것 자체가 정말 기적처럼 느껴지기도 한다. 자전하고 공전하는 지구에서 밤하늘에 뜬 달은 어떤 때는 보름달로, 어떤 때는 그믐달로, 어떤 때는 반달로 보인다. 이와 같은 달의 위상 변화는 달의 위치와 관련이 있다. 태양과 달이 지구를 사이에 두고 서로 반대편에 있을 때 태양빛이 달에 비치면 밝은 부분을 전부 볼 수 있는데, 이것이 바로 보름달이다. 한편 달이 태양과 지구 사이에 위치하면 태양 빛을 받는 부분이 지구 반대편에 있기 때문에 그림자만 보인다. 달이 지구 좌우에 위치하면 절반만 보이는 반달이 된다. 어린아이들이 달의 위상 변화를 정확하게 이해하려면 지구에서 달을 보는 관점을 벗어나 태양과 지구와 달의 관계를 객관적으로 볼 수 있는 제3의 공간으로 옮겨 가야 한다. 지구로부터 떨어져 나와야 하는 것이다. 지구가 자전한다는 것까지 알아야 하기에 더 어렵다. 지구의 자전으로 달이 어떻게 떠서 어떻게 이동하는지에 대한 이해도 필요하다. 즉, 달의 위상 변화

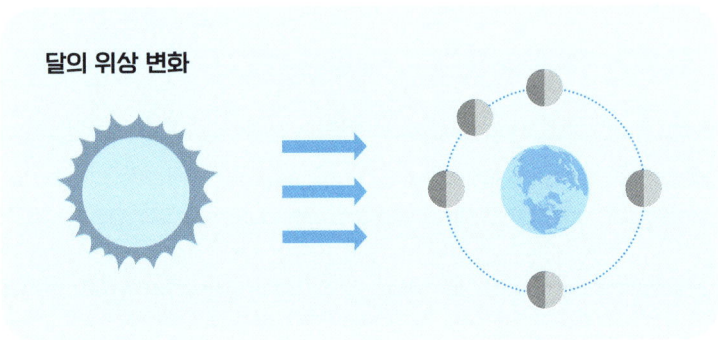

달의 위상 변화

를 잘 이해하기 위해서는 매우 복잡하고 추상적이며 탈지구화된 관점을 가질 수 있어야 한다. 초등학생들이 과학에서 가장 어려워 하는 부분이 달의 위상 변화인 이유이다. 이 내용은 대개 4-6학년 때 배우는데 많은 경우 충분히 이해하지 못한 채 그냥 넘어간다고 한다.

또한 아이들은 일반적으로 우리 생활환경 내의 범위만 이해한다. 우리가 맨눈으로 볼 수 있는 수준은 밀리미터 단위에서부터 킬로미터 단위까지로 길어야 10킬로미터 정도이다. 100킬로미터, 1,000킬로미터까지는 보지 못한다. 그러나 우주 세계는 그렇지 않다. 화학의 경우도 마찬가지이다. 화학 세계는 흔히 나노(n) 세계라고 한다. 나노미터는 10^{-9}미터이다. 10억분의 1미터에 해당하는 세계가 나노 세계인 것이다. 100만분의 1미터, 1,000만분의 1미터, 1억분의 1미터, 10억분의 1미터에 해당하는 세계가 모두 화학에서 다루는 영역이다. 화학 물질의 반응이 나노 세계에서 나타나기 때문이다. 이런 부분은 우리가 직접 경험해 보지 못한 세계이기 때문에 이해하기 쉽지 않다. 양자역학도 마찬가지이다. 양자역학은 더욱 미세한 세계까지 내려가므로 물질이 우리 생활환경에서와 다른 메커니즘으로 작동한다. 결국 과학을 공부하는 것은 우리의 생활환경에서 익숙하게 경험했던 것으로는 더 이상 해결되지 않는 세계를 공부하는 것이며 그런 데서 오는 어려움이 있을 수 있다. 반대로 어마어마하게 큰 우주 세계에서도 유사한 문제가 발생하기 마련이다.

인간의 감각에 기초해서 자연현상을 이해하는 것은 당연한 일이다. 어린아이들에게 '우리는 어떻게 무엇인가를 볼까?' 하고 물으면 아이들은 눈에서 광선이 나와서라고 답한다. 사실 우리는 눈에 들어온 빛만 보는 것인데 말이다. 눈으로 볼 수 없는 매커니즘을 이해하기란 더 어렵다. 예를 들어 보자. 전기회로 속에서 전자가 이동하면서 생기는 현상은 우리가 직접 경험할 수 없다. 우리가 알 수 있는 것은 스위치를 닫았는지 열었는지, 회로가 잘 꾸며졌는지, 전구에 불이 들어오는지 여부일 뿐이다. 그 안에서 일어나는 일에 대해서는 볼 수도 경험할 수도 없다.

"냉기 들어오니까 문 닫아라."와 같은 말도 자주 한다. 사실 이 현상은 물리학적으로 분석해 보면 냉기가 들어오는 것이 아니라 열에너지가 빠져나가는 것이다. 열에너지가 빠져나가는 것은 열에너지가 온도가 높은 곳에서 온도가 낮은 곳으로 이동하는 것일 뿐이다. 하지만 우리는 차가운 것이 들어오는 것처럼 느낀다. 이처럼 경험과 일상의 세계로부터 벗어나는 것이 얼마나 어려운지 보여 주는 사례는 이외에도 무수히 많다.

스토리가 없는 과학

과학 공부를 어렵게 하는 또 하나의 원인은 스토리가 없다는 것이다. 필자는 중고등학생 시절 역사를 굉장히 싫어했다. 외워야 할 내용이나 낱낱의 정보가 너무 많아서 머릿속에서 연결이 잘 안 되었기 때문이었다. 하지만 많은 사람이 역사를 좋아하고 스토리도 좋아하며, 필자 역시 나이가 들수록 역사가 재미있어지고 있다. 이러한 측면에서 본다면 사람들이 과학을 싫어하는 이유 중 하나로 재미없다는 점을 꼽는 것이 이해가 간다. 과학이 어려운 것까지는 참고 이해하겠는데 아무런 재미가 없다는 것이다. 그 이유는 스토리가 없기 때문이다. 스토리를 만들기 위해서는 나와의 연관성이나, 시간이 지나면서 변해 가는 원인과 결과, 선행과 후행 사이의 연결 고리 등이 중요하다. 그렇지만 우리나라 과학교육에서는 이런 연결고리를 찾기가 쉽지 않다.

그 이유는 무엇일까? 우리나라의 교육과정상 학생들은 과학을 매우 짧게 배운다. 5장에서 과학 교육과정을 검토하며 이야기했지만, 세계 여러 나라에서 과학은 가장 중요한 세 과목 중 하나이다. 일반적으로 각국의 모국어, 수학, 과학에 더해 영어 정도를 중요 과목으로 꼽는다. 그래서 전 세계적으로 과학은 세 과목 중에 한 과목, 네 과목 중에 한 과목 정도의 위치에 놓인다. 반면 우리나라에서 과학은 여덟 교과목 중의 하나일 뿐이다. 우리나라 학생들이 과학 공부를 잘하고 국제 시험에서도 항상 좋은 성과를 거두지만, 실제로 과학을 배우는 시간은 굉장히 적은 것이다. 교육과정상 시수가 적으면 당연히 덜 중요한 내용은 빼고 가르칠 수밖에 없으니 스토리는 사라지기 쉽다. 결국 꼭 배워야 할 내용, 앞으로의 공부에 기초가 될 내용만 배우는데 그것조차도 모두 연결되어 있기에 순서대로 배워야 한다. 그러니 연결이 한번 끊어지면 재미가 없고 따라가기도 힘들어지는 것이다. 우리 과학교육에서 가장 안타까운 부분이다.

학교에서 과학으로 대표되는 STEM 관련 교과목에 더 긴 시간을 들여 아이들이 과학을 여유롭게 배울 수 있으면 좋겠다는 희망이 있다. 꼭 과학교육 전공자여서가 아니라 한 명의 학부모로서 호소하고 싶은 부분이다. 과학 교과에 스토리와 맥락이 들어갈 공간이 줄어드니 건조한 과학, 비인간적인 과학, 일상과 동떨어진 과학, 나하고 상관없는 과학이라는 이미지가 만들어지는 것이 아닐까. 학교에서 그러한 연결 고리를 만들어 주고, 우리 주변에서도 과학이 얼마든지 작동할 수 있다는 점을 보여 줄 수 있다면 좋겠다.

다행히 고등학교 과학 교육과정은 조금씩 상황이 나아지고 있다. 2015 교육과정에서는 과학사라는 과목이, 2022 교육과정에서는 과학의 역사와 문화 과목이 새로 생겼다. 이 과목들은 역사와 문화도 함께 다룬다는 점에서 그 폭이 더 넓어진 셈이다. 2장에서 이야기한 것처럼 이는 과학의 발전이 어떻게 역사적으로 발전해 왔는가에 대한 부분을 문화사, 정치사상사 등의 변화와 함께 공부할 수 있는 과목이다. 아직은 고등학교 선택과목, 융합 선택과목으로만 도입되어 있지만 더 많은 학생들이 이 과목을 공부할 수 있으면 참 좋겠다. 과학을 정말 잘하는 학생뿐만 아니라, 고등학교를 졸업하면 과학을 더 이상 공부하지 않을 것 같다고 생각하는 학생들도 수강하기를 바란다. 과학의 역사를 공부하면 앞으로 자신이 직업으로 삼을 전문 영역이나 세계가 과학과 어떻게 연결되는지에 대해 조금 더 폭넓게 이해할 수 있으리라 기대한다.

과학 공부의 어려움을 극복하려면

지금까지 다룬 내용을 정리해 보자. 과학을 어렵게 느끼는 이유는 무엇인가? 여기서 강조할 필요가 있는 것은, 실제로 과학은 쉬운 과목이 아니라는 점이다. 과학 개념들은 정교하게 정의되고, 개념 간 관계도 복잡하며, 하나의 개념은 연결된 여러 개념과 같이 이해해야 한다. 그러다 보니 앞서 이야기했듯 잘 모르는 것이 있으면 이전 단계부터 차근히 다시 밟아야 한다. 과학을 포기했다가 다시 공부하는 것이 어려운 이유이다.

다양한 출처에서 발생하는 오개념도 어려움을 더한다. 용어의 문제, 생활환경의 문제, 인간중심적 사고의 문제는 본질적으로 존재할 수밖에 없다. 이를 극복하기 위해서는 현재 우리가 익숙한 환경으로부터 벗어나 자유로운 사고를 하는 것이 중요하다. 또한 '이건 왜 그렇지? 저건 왜 저렇지?'라고 질문하며 현재를 추상적이고 비판적인 관점에서 바라보아야 한다. 이런 과정에는 본질적인 어려움이 따르지만 그렇다고 엄청나게 어려운 일도 아니다. 모든 사고는 훈련과 경험의 정도에 따라 달라진다. 여러 번 반복하다 보면 훨씬 더 익숙해지고 쉬워지기 마련이다.

학교에서 배운 과학이 탈맥락화되어 있다는 점도 어려움을 더한다. 맥락 없이 단순히 지식 덩어리만, 혹은 덩어리조차 아닌 낱낱의 지식과 정보만 배워서는 곤란하다. 과학은 여러 개념이 연결된 망이기에 개념들을 조금씩 확장시키고 서로 연결해서 이해하는 것이 중요하다. 스토리를 만들어 자신과 과학이 연결되어 있음을 이해하는 방법은 이런 문제를 극복하는 데 도움이 될 것이다. 예를 들어 이런 상상을 해보는 것이다. 내가 만약 달나라에 간다면 어떻게 되지? 내가 살고 있는 지구에서 중력이 절반으로 줄어들면 어떻게 되지? 내가 다른 생물체였다면, 지구의 역사 속에서 어떻게 살아왔을까? 생존을 위해서 어떤 메커니즘을 만들어 냈을까? 이처럼 자신과 연결된 궁금증들을 자꾸 이끌어 내면서 스스로를 제3자의 관점에서 보려는 노력이 필요하다.

거듭 강조하고 싶은 것은, 고등학교 수준의 과학 공부까지는 어려운 수학이 크게 요구되지 않는다는 점이다. 지레 겁을 먹고 수학 때문에 과학을 포기하지는 말라는 조언을 전하고 싶다. 물론 아무런 조건 없이 '과학 공부에는 수학이 별로 필요 없다'고 말하면 거짓말일 것이다. 가령 대학교에서 배우는 일반물리학은 수학적 지식을 많이 요구한다. 하지만 수학에 자신이 없더라도, 적어도 고등학교 물리학까지는 포기하지 말고 공부했으면 좋겠다. 그 정도면 충분하다. 수학 공부는 그 이후에 따라가면 된다.

마지막으로 과학 중에서도 물리학을 잘하기 위해서는 두 가지가 필요하다. 수학적인 능력과 물리학적인 개념 이해가 그것이다. 물론 후자, 즉 물리학의 개념을 잘 이해하는 것이 더 중요하다. 수학은 물리학의 언어이지만, 물리학 공부에 수학적 능력이 필요한 것도 넓게 보면 물리학적 개념을 더 잘 이해하기 위함이기 때문이다. 두 가지 능력을 모두 다 갖춰야겠지만, 둘 중 하나를 고르라고 하면 당연히 과학 개념을 이해하는 것이 훨씬 더 중요하다.

효과적인
과학 공부법은?

10장

9장에서는 과학을 공부하며 마주하게 되는 여러 어려움과 그 이유에 대해 살펴보았다. 그렇다면 과학을 효과적으로 공부하는 방법은 무엇일까? 10장에서는 자녀의 연령대별로 적절하고 효과적인 과학 공부법을 제안한다.

초등학교의 과학 공부

과학 공부와 관련된 조언을 전하는 입장에서는 여러 어려움이 있다. 과학 과목이 여러 개라는 점도 그중 하나이지만 가장 큰 어려움은 이 책의 독자가 될 학부모나 학생들의 연령대가 매우 다양하다는 점이다. 앞서 살펴본 것처럼 우리나라의 과학 교육과정은 초등학교에서 중학교, 중학교에서 고등학교로 넘어가면서 크게 달라진다. 교육과정을 학급별로 나눠서 살펴본 이유도 여기에 있다. 그러므로 당연히 효과적인 과학 공부법도 교육과정에 따라 크게 달라진다. 시기별로 다른 전략이 필요한 것이다.

유치원과 초등학교 저학년 시기에 무엇보다도 중요한 것은 자연과 교감하고 체험하는 일이므로 가능한 한 다양한 체험을 해보는 것이 중요하다. 주변에서 쉽게 접할 수 있는 대상이더라도 실제로 보고, 체험하고, 부모님과 대화하며 조금 더 과학적인 눈으로 관찰해 보는 습관을 기르라고 제안하고 싶다. 이는 장기적으로도 매우 중요한 과정이다.

오늘날에는 거의 모든 것들이 인터넷과 스마트폰 속에서 구현된다. 어린아이들도 다른 어떤 것보다 어린이용 유튜브 동영상에 푹 빠져 있다. 아이는 커갈수록 디지털 기기를 더 자주 사용하고 더 심하게 몰입할 것이다. 그 전에 자연 속에서 움직여 보고 직접 만지고 체험하는 야외 활동을 가능한 한 충분히 하기를 간곡하게 제안한다.

필자는 아이들이 여전히 자연 속에서 야외 활동을 해야만 한다고 믿는다. 이는 모든 유아교육학자가 강조했던 것이기도 하다. 장자크 루소Jean Jacques Rousseau부터 요한 페스탈로치Johann Pestalozzi, 프리드리히 프뢰벨Friedrich Fröbel, 마리아 몬테소리Maria Montessori까지 모두 아이들이 자연 속에서 체험하고 경험해야 한다고 강조해 왔다. 아파트처럼 제한된 환경에 살더라도 그 범위 내에서 할 수 있는 체험을 찾아 보길 권한다.

또한 가족이나 친구들과 함께 교감하는 활동을 하기를 권한다. 앞서 이야기했지만 과학은 결국 여러 사람이 함께 수행하는 활동으로 혼자서는 할 수 없다. 과학 활동에서 꼭 필요한 상황 판단력, 사회성, 공간 지각 능력 등은 모두 사회 규칙을 만들고, 규칙에 따라 신체를 움직이고 대화하면서 수행하는 놀이 활동을 통해 길러진다. 특히 요즘 아이들은 디지털 기기에 빠지기 쉬운 환경 속에 있기에, 어렸을 때 이런 경험을 꼭 해봐야 한다고 생각한다.

지금까지의 경험을 되돌아보면, 어떤 곳에서 어떤 일을 하든 40대 중반 정도가 되면 그룹 내에서 리더십을 발휘해야 할 상황이 벌어진다. 이때 사회적 역할, 성취도, 과학자로서의 역량까지도 결국 결정적으로 사회적인 교감 능력이 얼마나 있느냐에 달려 있다. 평생을 두고 길러야 하는 이 능력을 자녀가 자연과 함께, 또 다른 사람들과 함께 어린 나이에 체험하고 경험할 수 있기를 바란다.

다양한 경험을 하는 것만큼이나 그 경험을 체계적으로 기억하는 일도 중요하다. 아무리 좋은 경험이라도 시간이 지나면 잊히는 경우가 많지만, 기억도 결국은 다 구성되는 것이다. 따라서 자녀가 어렸을 때 했던 활동들, 관심 있어 했던 놀이나 스포츠 등을 포트폴리오로 만들어 기억 속에 잘 자리 잡도록 해주는 것이 중요하다. 특히 자녀가 스스로 기록한다면 더 좋을 것이다. 직접 영상을 찍어서 남겨 놓거나, 작품을 잘 만들어 놓거나, 활동을 디지털 형태로 보관하는 습관을 만들어 주는 것도 방법이다.

이를 위해 좋아하는 도구를 하나 가져 보게 해주는 것도 좋다. 현미경이나 망원경일 수도 있고, 다양한 종류의 카메라일 수도 있으며, 실험 세트일 수도 있다. 어린아이라면 뭔가를 만드는 공작 세트 같은 것도 좋다. 애착을 가지고 오랫동안 스스로 써볼 수 있는 도구로 작품도 만들고, 성과도 내고, 오랫동안 그에 대한 기록을 축적한다면 나이가 들어서도 '내가 이런 아이였구나!' 하고 돌아보며 추억을 되새기고 자부심을 느낄 수 있을 것이다.

이 시기 아이들에게는 부모의 역할이 중요하다. 최근 한 학회에서 '과학 팬덤 가족'에 대한 질적 연구 결과를 들었다. 어느 해양과학관에 아주 꾸준히, 열심히 방문하는 세 가족이 있었다. 한 가족은 처음부터 제일 열심히 참여했고, 두 가족은 상대적으로 나중에 시작했다. 흥미로운 것은 첫 가족에서는 '가족 단위의 과학 체험' 문화가 와해되었는데, 나머지 두 가족에서는 오히려 더 활발해졌다는 점이다. 여기서 가장 큰 차이점은 부모의 역할이었다. 첫 가족의 부모님은 좋은 프로그램과 활동들을 열심히 찾아서 신청한 뒤 아이들을 데려가 꾸준히 참여시켰다. 그렇게 열심히 아이들을 챙긴 어머니의 입장은 다음과 같았다. "과학 공부는 참 좋은 거다. 그런데 네가 공부해야 한다. 데려다주고 챙겨 주는 것까지만 나의 역할이다." 아이가 좀 더 컸다면 훌륭하게 통하는 전략이었을 것이다. 문제는 아이가 초등학교 저학년이었다는 점이다. 아직 끊임없이 부모에게 연결되고, 보상받고 부모와 교감하고 싶어 하는 시기였기에 적절하지 않은 방식이었다고 연구자는 판단했다.

만약 자녀가 어리다면 자녀의 활동에 실질적으로 참여해 대화를 이어 가고 같이 고민하면서 궁금증을 유지하고 흥미라는 동력을 잃지 않게 해주는 부모의 역할이 매우 중요하다. 물론 그곳에 데려다준 것만도 훌륭하다. 그렇지만 더 큰 효과를 보고자 한다면 조금이라도 같이 대화하고 계속 다음 활동을 함께 고민하는 역할을 부탁하고 싶다.

한편 초등학교 4-6학년은 보통 고학년이라고 부르는 나이다. 특히 5-6학년이 되면 자기 고집도 생기고, 학교에서 배우는 과학도 좀 어려워진다. 이 시기에는 학교 안팎에서 다양한 방과 후 활동에 참여해 보는 것이 좋다. 앞서 이야기했던 것처럼 학교 바깥에도 엄청나게 다양한 과학 프로그램이 있다. 학교 내 과학 시간에 배우는 것은 제한적이므로 아이가 과학을 좋아한다면 외부 활동들을 찾아 보기 바란다. 다행히 이 시기 학생 중 70-80퍼센트가 아직까지는 과학을 좋아한다고 생각한다. 그러니 때를 놓치지 말고 자녀가 초등학교 고학년까지는 한두 달, 혹은 한 학기 단위로 이어지는 수업과 활동에 참여하기를 권한다.

더불어서 권하고 싶은 것은 손과 머리를 함께 사용하는 탐구 활동을 해보는 것이다. 초등학교 고학년이 되면 손뿐만 아니라 머리도 쓸 수 있다. 즉, 장 피아제Jean Piaget가 이야기하는 소위 '형식적 조작기'에 해당하는 활동이나 사고 활동이 가능하다. 따라서 관찰하는 활동뿐만 아니라 직접 설계하고 제작하는 발명 교실 등에 참여해 보길 제안한다. 전통적인 관찰과 탐구도 좋지만, 아이들이 자기 아이디어를 가지고 직접 제품이나 물건을 만들어 보는 경험도 굉장히 중요하다. 발명 교실, 탐구 교실, 과학 캠프 등 종류도 다양하다. 중학생이 되면 활동보다 지식을 쌓는 공부를 더 많이 해야 하므로 그 전에 이런 좋은 경험과 추억을 남기며 과학에 대한 호기심을 키우는 것이 중요하다.

이 시기에는 특히 스스로 생각하고 스스로 정보를 찾는 습관을 길러 보자고 강조하고 싶다. 우리 연구실에는 초중고등학생을 대상으로 한 프로그램이 많다. 직접 초등학생들을 만나 보면 아주 똑똑하고 과학에 관심이 많은 학생일지라도 여전히 이 습관이나 행동 양식을 갖고 있다. 바로 '모르면 선생님께 물어보는 것'이다. 초등학교 고학년이더라도 아직은 어리기에 "선생님 이건 뭐예요?", "선생님 저건 어떻게 돼요?"라는 질문이 자주 나온다.

그런데 '나는 이렇게 생각하는데 이건 왜 이럴까?'라고 스스로 먼저 질문해 보고, 필요한 정보를 직접 찾아 보는 노력이 꼭 필요하다. 그럼에도 해결이 안 되면 선생님이나 부모님께 물으며 도움을 받아도 괜찮다. 직접 해봐야 비로소 선생님으로부터, 교과서로부터, 인터넷으로부터 새로 얻는 정보나 지식이 자기 것이 되기 때문이다. 모르겠다고 바로 찾아 얻게 된 정보와 지식은 쉽게 의미 없이 흘러간다. 하지만 궁금해서 스스로 찾아 본 다음에 그에 해당하는 정보와 지식을 얻으면, 똑같은 것을 얻더라도 그것이 나의 궁금증과 연결되어 있기에 내 것이 되고 기억도 오래간다.

중학교의 과학 공부

이제 중학교로 넘어가자. 여러 번 이야기한 것처럼 중학교부터는 새로운 과학 용어가 폭발적으로 늘어난다. 이에 학생들은 과학을 어렵다고 느끼기 시작한다. 하고 싶은 것은 탐구나 발표 활동인데 이런 걸 할 시간이 많지 않다. 대부분 새로운 개념과 용어를 공부해야 한다.

이 시기에 배우는 내용을 충분히 이해하지 못하면 이후 확장되는 내용도 어렵다고 느낄 수밖에 없다. 학습한 내용을 자기 스타일로 소화하는 것이 필요하다. 중학교 과학의 경우 분량 자체는 그렇게 많지 않지만, 1학년에서 2학년, 3학년으로 올라갈수록 그 양이 점차 늘어난다. 무엇보다 학생마다 개념을 소화하는 방식, 소위 인지 양식cognitive style이 다르다. 개념도나 마인드맵으로 그려서 이해하는 것이 편한 학생이 있는가 하면 그림 또는 만화로 그릴 수도 있고 표로 정리하거나 단어장을 만들 수도 있다. 어떤 방식으로든 이해한 내용을 정리해서 전체적인 네트워크를 가지고 개념이나 지식을 이해해 나가는 것이 필요하다. 과학 개념들은 서로 연결되어 구조화되어 있음을 다시 한번 기억하자.

중학교 과학의 또 다른 주요 특징은 과학의 모든 영역을 공부한다는 점이다. 과학에는 물리학, 화학, 생명과학, 지구과학이 있다. 지금의 교사 양성 시스템에 의하면 중학교 과학 선생님도 물리학, 화학, 생명과학, 지구과학 중 하나를 전공했을 가능성이 90퍼센트 이상이다. 이것이 암시하는 바는, 중학교 과학 선생님이 특별히 애정을 가지고 설명을 많이 해주는 과학 분야가 있고 그렇지 않은 분야가 있을 수 있다는 의미이다. 경험에 의하면 선생님들은 전공 분야가 아니고 상대적으로 자신이 없는 분야는 수업을 빨리 진행하고, 반대로 전공 분야일 경우 더 많이 이야기해 주려 해서 설명이 길어진다. 선생님은 그렇다 하더라도, 학생들은 이 과목들을 다 공부해야 하고 학생 수준에서 모두 이해해야 한다.

여기서 잊지 말아야 할 점은 과학이라는 과목을 떠나 평생 사용할 지식을 대개 중학교 수준에서 거의 배운다는 것이다. 고등학교부터는 진로가 어느 정도 정해져 그에 필요한 과목들을 공부하므로 수업에서도 조금 더 세세한 분야를 다룬다. 당연히 과학도 마찬가지이다. 따라서 중학교에서 배우는 과학 정도만 알아도 매우 훌륭한 과학적 소양을 갖춘 시민으로 성장할 수 있다. 기본적인 것을 익힌 이후에 더 심화된 내용을 찾아 볼 수도 있고 무엇이 더 궁금한지 스스로 알 수도 있다. 그렇기에 문이과 계열과 상관없이 중학교 과학만큼은 모두 폭넓게 충실히 공부하기를 권한다.

중학교 시기에는 수학 공부도 중요하다. 9장에서 고등학교 물리학Ⅱ 과목에서도 그렇게 높은 수준의 수학을 요구하지는 않는다고 이야기했다. 이는 바꿔 말하면 중학교 수준의 수학이면 충분하다는 뜻이다. 중학교에서는 수학의 기초에 해당하는 기본 개념, 각종 함수, 도형, 방정식, 통계 등을 배우는데, 이 정도는 잘 이해해야 한다.

문제를 빨리, 많이, 잘 풀 필요까지는 없다. 하지만 개념적으로 기본 원리를 이해하는 것은 아주 중요하기에 수학도 열심히 공부하기를 바란다. 수학은 과학의 기본 언어이다. 물론 과학 중에도 수학이 더 많이 필요한 분야가 있고, 상대적으로 덜 필요한 분야가 있지만 중학교 정도에 나오는 수학은 영역과 관계없이 과학에 반드시 필요한 내용에 해당한다고 볼 수 있다.

초등학교 고학년 때와 마찬가지로 발명, 과학 동아리 활동에 적극적으로 참여해야 한다. 중학교부터는 탐구 활동이 더 조직적이고 체계적인 형태로 이루어지기 때문이다. 특히 친구들과 하는 동아리 활동을 많이 경험해 보기를 바란다. 중학교 때까지는 학교 밖에서 진행되는 체험 활동도 많으므로 함께 잘 살펴보면 좋겠다.

마지막으로, 고등학교에 올라가기 전에 컴퓨터 활용 능력을 키우자. 코로나19 팬데믹 이후 오늘날의 한국은 학교에서의 디지털 사용이 전 세계에서 가장 빠르게 발전하고 있는 국가 중 하나이다. 특히 과학 선생님들은 전 과목 중 디지털 환경 도입에 가장 적극적이었을 뿐 아니라 가장 먼저 디지털 기기를 사용하기 시작했다. 구글 클래스룸 Google Classroom 등 수업을 위한 플랫폼, 실험 기구로 이용되는 디지털 센서, 엑셀과 같은 다양한 데이터 분석 프로그램, 실험으로 얻은 데이터를 발표하는 플랫폼을 포함해 매우 많은 컴퓨터와 디지털 관련 기기들이 오늘날의 교육 현장에서 사용되며 이러한 경향은 앞으로 더욱 강화될 것이다. 과학의 개념과 이해가 물론 더 중요하지만, 그것을 구현할 수 있는 방법도 알아야 하니 컴퓨터 활용 능력을 꼭 증진하기를 바란다.

개인적으로는 과학 공부를 위해 코딩에 능숙해져야 한다고 생각하지 않는다. 하지만 지레 겁먹고 이미 사용되는 프로그램들조차 써보지 못하는 것은 곤란하다. 현재 널리 쓰이는 프로그램들을 잘 활용하는 능력, 스마트폰 등으로 여러 앱을 사용하고 인터넷상에서 다양한 기능을 활용하는 정도의 능력은 꼭 필요하다고 볼 수 있다.

고등학교의 과학 공부

이제 고등학교에서의 과학 공부로 넘어가 보자. 고등학교 1학년 때는 공통과목을 배운다고 이야기했는데, 과학 교과에는 특히 통합과학과 과학탐구실험이라는 과목이 있다. 과학탐구실험은 실험 위주의 과목으로, 실제로 탐구 활동을 해보고 과학에 흥미를 유지하며 소통 능력과 협업 능력 등을 기르는 것을 목표로 삼는다. 통합과학은 물리학·화학·생명과학·지구과학이라는 네 과목이 개념적으로 어떻게 연결되어 있고 통합되는지를 공부하는 과목이다. 중학교 때 배웠던 많은 과학 내용이 어떻게 서로 연결되고 조금씩 나아가는지를 통합과학을 통해 공부하게 되므로 중요하다. 2028 새 대학입시(안)에 따르면 통합과학은 모든 학생이 응시해야 하는 필수 과목에 해당한다. 또 이공계로 진출하는 학생이더라도 전공하지 않은 영역의 과학을 모두 공부할 마지막 기회일 수 있다.

    2학년부터는 일반 선택과목, 즉 물리학, 화학, 생명과학, 지구과학을 선택해 공부하게 된다. 하지만 이공계로 진출할 학생이라면 이 일반 선택과목만큼은 전부 공부하기를 아주 강력하게 권한다. 통합과학은 주로 중학교 수준이며, 고등학교 수준에 해당하는 기초 내용을 담아 놓은 것이 이 물리학, 화학, 생명과학, 지구과학이라는 네 과목이다. 이공계 대학에서 배우는 내용의 기초도 여기에 담겨 있다. 따라서 이공계로 진출하기로 마음먹었다면 이 부분을 모두 공부하는 것이 좋다. 학교에서도 아마 그렇게 추천할 것이다.

    2학년은 구체적으로 자신의 진로를 선택해야 하는 시기이다. 1학년 때 통합과학과 과학탐구실험을 공부하고, 2학년 1학기 혹은 2학기까지는 물리학, 화학, 생명과학, 지구과학을 공부한다. 그 뒤에는 본격적으로 자신이 진출할 분야에 맞춰 여덟 과목, 즉 역학과 에너지, 전자기와 양자, 물질과 에너지, 화학반응의 세계, 세포와 물질대사, 생물의 유전, 지구시스템과학, 행성우주과학 중 선택한 과목을 공부한다. 이는 소위 고교학점제로 대표되는 과목들이다. 이 시기에는 자신의 적성에 맞는 전공을 잘 파악해야 된다. 물론 모든 분야를 다 잘하면 좋겠지만 그러기는 어렵다. 현재 약학대학 교수를 하고 있는, 고등 3학년 때 같은 반이었던 아주 친한 친구가 있다. 필자는 물리학을 잘하는 성향이었던 반면 화학은 잘 몰랐고, 친구는 화학을 더 좋아했다. 그때 둘이 선택과목을 바꿨더라면 지금처럼 자기 전공 분야를 오랫동안 공부하는 학자로 성장하지는 못했으리라고 생각한다. 사람마다 각자 성향이 다르므로 자녀가 물리학, 화학, 생명과학, 지구과학 중 어떤 것과 맞는지 찾아가기 바란다.

이때 진로에 맞춰서 과목을 선택하는 경우도 있겠지만, 좋아하고 성향에 맞는 과목에 따라 진로를 선택할 필요도 있다. 예컨대 공과대학 내 기계, 항공, 건축, 건설, 전자, 전기 등의 분야에서는 네 과목 중 물리학이 가장 필요하다. 이 학문들에서 배우는 내용 대부분은 금속, 강체, 유체, 전기 등의 물리적 현상이기 때문이다. 화학, 재료, 약학 등의 분야에서는 당연히 화학이 더 필요하다. 의학, 생명공학, 농생명 분야라면 생명과학이, 지구환경, 천문, 기상, 해양 분야라면 지구과학이 필요할 것이다.

고등학교 때는 모두가 어느 정도 과학을 공부하더라도, 이후 과학을 꾸준히 오랫동안 공부할 학생이 있는 반면 과학은 더 이상 깊게 배우지 않고 인문사회나 예체능 계열로 진로를 선택하는 학생도 있다. 하지만 몇 차례 언급했던 것처럼, 과학사 과목만큼은 계열 상관없이 모두 공부하길 권한다. 이공계로 쭉 진출할 학생들에게 이 과목은 전공의 바탕이 되는 역사를 배우는 기회일 뿐 아니라 과학 공부에 스토리를 만들어 주기에 큰 호흡으로 공부를 계속해 나가는 데 도움이 된다. 이공계가 아닌 다른 분야로 진출할 학생들도 과학사 과목을 통해 자신이 진출하는 분야가 과학 및 과거와 어떻게 연결되어 있는

지 배울 수 있다. 맥락적 이해, 스토리를 통한 이해를 가능케 해준다는 점에서 모두에게 중요하다.

정해진 시간 안에 모든 과목을 다 공부할 수 없기에 취사선택을 해야 한다는 사실은 안타깝다. 그러나 이왕 선택해야 한다면, 자신의 성향에 맞춰서 현명한 판단을 하기 바란다. 특히 이공계로 진출할 학생들에게는 자유 탐구를 할 기회가 생길 수 있다. 개인 자유 탐구, 조별 자유 탐구 등 꽤 긴 호흡으로 진행되는 탐구 활동이 있다면 자녀가 반드시 참여해 볼 수 있도록 하자. 이런 활동을 한 번이라도 해보는 것과 안 해보는 것 사이에는 굉장히 큰 질적 차이가 있다. 직접 문제를 찾고, 탐구를 설계하고, 탐구를 시행하면서 데이터를 모으고, 분석하고, 결론을 도출하고, 발표까지 해보는 일련의 과정을 자기주도적으로 진행하고, 가능하다면 보고서도 써보는 소중한 경험을 놓치지 않기를 바란다.

민망하지만 시험과 관련된 이야기도 할 수밖에 없다. 고등학교에서 과학을 공부하면 결국 마지막에는 수능 등의 시험을 봐야 한다. 시험에는 꼭 개념적인 이해만으로 풀 수 있는 종류의 문제만 출제되지는 않으므로 그 외 유형의 문제를 많이 풀어 보는 경험도 필요하다.

특히 물리학은 개념을 잘 이해한 것만으로 충분한 과목이 아니다. 이해의 깊이는 문제를 풀어 가면서 형성되는 것이기 때문이다. 다양한 문제를 많이 풀어 봐야 머릿속의 개념 또한 더욱 명확해지고 분명해지며 과학적으로 정교해질 수 있다. 요즘 논란이 되는 킬러 문항은 지나치게 복잡한 계산을 요구해서 문제시되지만, 개념 이해를 돕고 정교화하는 데 꼭 필요한 문제도 많다. 그런 문제를 풀어 보는 것은 기본적으로 필요하다.

 물리학의 경우, 대학교 1학년 때 배우는 과학 과목이 대부분 그렇듯 분량이 많아 읽어야 할 책이 엄청나게 두껍다. 게다가 각 챕터마다 매우 많은 양의 연습문제가 수록되어 있다. 그래서 대개 대학교 1학년 때 목표는 그 문제를 다 푸는 것이라고 말한다. 그만큼 고등학교에서의 문제 풀이는 꼭 필요하다.

과학 공부, 시기별로 초점을 맞추어

지금까지 유치원과 초등학교 저학년, 초등학교 고학년, 중학교, 고등학교 순서로 시기별 효율적인 과학 공부 방법을 알아보았다. 내용을 정리하면서, 학교급별 과학 학습은 어디에 초점을 맞춰야 하는지 이야기하고자 한다.

 여러 차례 강조한 것처럼, 어린 나이일수록 감각과 체험에 집중해야 한다. 물론 감각과 체험은 가능하다면 쭉 유지하는 것이 좋다. 그렇지만 중고등학교까지 감각과 체험에 집중하는 것은 현실적으로 불가능하며 대신 개념과 지식에 집중한 공부를 할 수밖에 없다. 가장 이상적인 과학 공부 방법은 교과과정 개념과 지식을 늘리면서 감각과 체험도 계속 유지하는 방식이다.

수학과 관련된 부분도 반복해서 이야기했다. 수학은 초등학교에서 중학교로 넘어가면서 조금 어려워지지만, 중학교 때 배웠던 수학은 과학 공부에 계속 활용된다. 핵심은 고등학교에서 과학을 공부할 때 필요한 수학이 사실 중학교 수학 정도라는 것이다. 그러니 너무 겁먹지 말자. 고등학교 이후 수준의 수학은 과학의 어느 분야를 더 공부하느냐에 따라 크게 달라진다.

지금까지 살펴본 것처럼 고등학교까지의 과학 공부 방법은 어렸을 때의 감각 중심 체험과 경험, 이후 이어지는 개념과 지식이 중심이 되는 공부로 나눌 수 있다. 그렇다면 고등학교에서 대학교로 넘어갈 때 공부 방법은 어떻게 변화할까? 우리나라는 고등학교까지 국가 교육과정을 따른다. 다시 말해, 아주 특별한 학교가 아니라면 모든 학생들이 따라야 할 교육과정이 정해져 있고 학생들은 그에 따라 필요한 수준의 내용을 배운다. 반면 대학교부터는 과학에 대한 국가 교육과정이 따로 없다. 서울대의 경우에도 미국, 유럽에 있는 세계적인 명문 대학교들과 동일한 교재를 쓴다. 그런데 미국, 유럽의 학교에서는 대학 입학 전까지의 교과과정상 과학에 해당하는 과목을 우리보다 훨씬 더 많이 공부하도록 구성되어 있다. 이에 한국과 외국 대학생들 사이에는 격차가 존재한다. 우리나라에서는 고등학교까지 아무리 열심히 물리학과 화학을 공부해도 대학교에서 공부할 내용과 간극이 클 수밖에 없다. 곧 이 부분을 메워 줄 필요가 있는 것이다.

대학 입학이 결정된 이후에는 경우에 따라 보충 학습이 필요하고, 시간 여유가 있다면 물리학과 화학 등 격차가 더 큰 과목이나 대학 이후 배울 내용의 기초가 되는 과목들을 보완하는 공부가 반드시 필요하다. 특히 한국의 수능 체제에서는 선택과목에 따라 공부하는 과목이 달라지는데, 선택하지 않았더라도 대학 공부의 기초가 되는 과목들이 있을 수 있다. 준비 없이 대학에 가면 다른 학생들과뿐 아니라 대학에서 배워야 할 내용과 자신의 이해 사이에 격차가 커질 수 있으므로 자녀가 이 부분은 꼭 준비해서 대학에 진학하도록 하기 바란다.

이공계 공부에 대한 오해 (1)

지금까지는 과학의 전반적인 특징과 함께 학교 안팎에서 배우는 과학 교과의 내용과 효과적인 공부법을 시기별로 살펴보았다. 11장과 이어지는 12장에서는 이공계에 관심이 있는 학생과 부모가 과학에 대해 갖기 쉬운 오해 열 가지에 대해 이야기해 본다.

오해 1: 나는 수학을 못한다

1장에서 마이클 패러데이에 대해 살펴보았다. 그는 어린 시절 교회에서 운영하는 주말 학교에서 읽기와 쓰기만 겨우 공부한 후 책 제본소에서 견습공으로 오랫동안 일하다가, 어렵사리 실험실 조교로 취직해 마침내 위대한 과학자로 성공한 인물이다. 전자기학의 아버지로 불리며 현대 전기 문명을 이끌었던 과학자이기도 하다.

패러데이에게는 궁금증이 있었다. '전기와 자기, 즉 전기와 자석

사이에 어떤 관계가 있는가?'라는 질문이었다. 전기와 자석이 서로 별개인 줄 알았는데 아닐 수도 있다고 느꼈기 때문이다. 그런데 패러데이는 전기와 자기에 대해 발견한 것을 수학적으로 표현할 만큼 수학을 잘 알지는 못했다. 이에 그는 자신의 아이디어를 잘 표현할 수 있는 도형을 그리거나 관련 현상을 실제로 보여 줄 수 있는 여러 가지 장치를 개발한다. 패러데이의 전자기유도 이론은 결국 맥스웰에 의해 수학화되고 정교화되었다는 점도 앞서 설명했다.

우리나라를 대표하는 수학자 허준이 교수는 2022년에 수학 분야의 노벨상인 필즈상을 받았다. 당시 관련 뉴스가 많이 나왔는데 뉴스에 소개된 일화를 요약해 보면 다음과 같다. 허준이 교수는 통계학을 전공한 아버지와 인문학을 전공한 어머니에게서 태어났다. 초등학교 때 수학 답안지를 베껴서 아버지한테 혼나고 "넌 도저히 수학을 못 하겠다."라는 이야기를 들은 적도 있다고 한다. 중학교 3학년 때 과학고 진학을 타진하려고 하자 선생님으로부터 "넌 이미 너무 늦었다."라는 말을 듣기도 했다.

허준이 교수는 고등 1학년 때 자퇴를 한다. 수학을 참 좋아했지만 학교 공부와는 맞지 않았던 모양이다. 이후 검정고시를 치르고 서울대 물리천문학부에 입학한다. 물리천문학부는 물리학과 천문학을 전공하는 곳인데, 물리학은 물론이거니와 천문학도 물리학을 바탕으로 수학을 많이 활용하는 분야이다. 그런데 대학교 3학년 때 물리학이 본인한테 맞지 않는다고 판단하고, 복수 전공을 했던 수학으로 전공을 바꾸었다. 학부 졸업 후 미국의 열두 개 대학원에 원서를 넣었는데 겨우 한 곳만 합격했다. 이후에 그곳에서 다시 미시간 대학교 대학원으로 옮겼다고 한다.

허준이 교수는 우리가 흔히 상상하는 천재의 길, 즉 계속해서 엄청난 성공을 이어가는 그런 길을 걷지는 않았다. 커닝도 좀 하고, 선생님께 늦었다는 말도 듣고, 학교를 그만두기도 했다. 전공도 옮겼고, 원하는 대학원에 단박에 들어간 것도 아니었다. 적지 않은 굴곡이 있었다. 물론 허준이 교수 자신이 "구불구불했지만, 가장 빠른 길이었다."라고 회상했듯 스스로는 이런 과정을 거친 것이 나름대로 가장 빠른 길이라 여기는 듯하다.

허준이 교수의 사례는 이공계에 관심이 있는 학생들이 가지기 쉬운 첫 번째 오해가 사실이 아님을 보여 준다. 바로 "나는 수학을 못한다."라는 오해이다. 그도 줄곧 "나는 물리학을 못한다.", "나는 수학을 못한다."라고 말했다. 심지어는 초등학교 때 수학을 공부하면서는 답을 몰라서 답지를 베끼기도 했을 정도이다.

그런데 "나는 수학을 못한다."가 아닌 "나는 한국의 학교 수학을 못한다." 혹은 "한국의 학교 시험에 맞는 수학을 못한다."라고 말하는 것이 정확할지도 모른다. 한국의 학교 시스템은 특히 평가를 강조하기에 평가하기 위해서는 등수를 나눠야 하고, 등수를 나누기 위해서는 불필요하게 어려운 문제를 내기도 해야 한다. 학생들로 하여금 수학의 본질에 해당하는 문제보다 상당히 지엽적이거나 계산 난

이도가 높은 문제를 풀게 하는 것이다.

    과학도 마찬가지이지만, 수학 역시 기본에 대해 궁금증을 가지고 그것을 끝까지 유지하면서 풀어 나가고, 해결해 나가고, 또 다른 궁금증을 만들어 가는 과정이 무엇보다 중요한 과목이다. 그렇지만 학교 시스템 안으로 들어오면 그런 과정을 차근차근 밟을 수 없는 경우가 많다. 그러니 학교 수학 점수가 좋지 않다고 반드시 자녀가 수학에 소질이 없는 것은 아닐 수 있다.

오해 2: 과학은 지능이 중요하다

알베르트 아인슈타인Albert Einstein은 너무나 유명하기에 모르는 사람이 없을 것이다. 아인슈타인의 대표적인 업적은 흔히 상대성 이론으로 꼽는다. 상대성 이론은 아이작 뉴턴 이후 200여 년 넘게 이어져

알베르트 아인슈타인

왔던 절대적인 공간과 시간 안에서의 운동이라는 개념에 대해 근본적인 질문을 던진다. 시간과 공간은 절대적인가? 질량과 에너지의 관계는 무엇일까? 우리 모두가 지난 몇백 년간 본질적인 것이라 생각해 왔던 관계를 근본적인 부분에서부터 질문했던 학자가 바로 아인슈타인이다. 그는 단

순히 머리가 좋은 과학자라기보다 그동안 익숙하게 사용해 왔던 시간, 공간, 질량, 에너지 개념에 의문을 던진 사람이라 할 수 있다.

찰스 다윈

찰스 다윈도 비슷한 경우이다. 다윈은 다음과 같은 질문을 던졌다. 인류라는 생명체는, 혹은 지구상에 존재하는 생명체는 어떻게 현재의 모습까지 왔을까? 그 변화의 증거들은 무엇일까? 어떤 메커니즘이 있어서 지금으로 변해 온 것일까? 그 메커니즘에는 창조주의 의도가 있을까? 혹시 다른 메커니즘이 있는 것은 아닐까? 이런 질문을 통해 다윈은 자신의 연구를 발전시켰다. 수집한 자료를 설명할 수 있는 이론을 스스로 던진 질문으로 찾아냈던 것이다.

애플 사의 창업자 스티브 잡스Steve Jobs는 발표할 때마다 똑같은 청바지와 똑같은 티셔츠를 입어 그것이 그의 아이콘이 되었다. 잡스의 가장 핵심 아이디어는 '유저 프렌들리user friendly', 즉 사용자에게 편리한 소프트웨어와 메커니즘을 갖추는 것이었다. 개발자 중심이었던 기능주의적 방식으로부터의 완전한 인식의 전환이라 할 수 있다. 컴퓨터에 대해 전혀 모르는 일반인도 쉽게 컴퓨터를 쓸 수 있는 방식이 무엇일까라는 관점에서 문제에 접근한 결과이다.

위에서 언급한 세 사람은 수많은 위대한 과학자와 공학자를 대표하는 인물이다. 이들을 포함해 위대한 과학자와 공학자는 모두 어떤 사람들이었을까? 먼저 그들은 역사 속에 전설로 남은, 엄청나게 큰 창의성Creativity을 발휘했다. 창의성과 관련된 여러 가지 모델 중 4C 모델에서는 창의성에 네 가지 종류가 있다고 말한다. 그중 앞서 살펴본 세 사람의 창의성은 Big-C, 즉 역사에 남은 위대한 인물들이 발휘한 창의성이다. 이 외에 Pro-C(전문적인 창의성)는 한 분야에 아주 전문적인, 분야를 대표하는 사람들에게 해당하는 창의성이다. Little-C(작은 창의성)는 Pro-C 영역으로 가기 전 수련 과정에서 발휘되는 창의성이며 마지막으로 Mini-C는 우리가 일상생활에서 발휘하는 소소한 작은 창의성이다.

아마 모든 아이들이 Mini-C를 갖고 있을 것이다. 주변의 여러 가지 문제를 새롭고 독특한 방식으로 바꾸어 해결한 경험이 누구에게나 있을 테니 말이다. 모든 학생이 역사 속에 전설로 남는 창의성을 발휘할 수도 없고 그럴 필요도 없다. Big-C를 갖춘 사람은 그 사람대로 인류에 큰 공헌을 하고, Pro-C와 Little-C를 갖춘 사람은 저마다의 직업이나 전문 분야에서 큰 공헌을 한다. 작은 창의성이 바탕이 되어서 큰 창의성으로 이어지는 것이다. 그러니 아이들 수준, 성장기의 수준에서 어느 정도 성취도를 보이느냐와 관계없이 누구나 창의성을 가지고 있음을 명심해야 한다. 또한 아이마다의 창의성을 중심으로 학교 교육과 자녀 교육에 특히 관심을 가져야 한다.

따라서 과학을 하기 위해서는 좋은 지능이 필요하다는 두 번째 오해를 바로잡아야 한다. 좋은 지능보다 더 중요한 것은 '삐딱하게'

생각하는 것이다. 남들이 던지지 않았던 질문을 하고, 남들과 다른 방식으로 사물을 바라보고, 남들이 하지 않았던 일을 시도해 보는 것이 새로운 영역을 개척하는 계기이자 문제를 해결하는 새로운 방안이 될 수 있다.

오해 3: 과학은 정답을 찾는 과목이다

이번에 소개할 인물도 너무나 유명하다. 요즘 어린이나 청소년에게 누구를 가장 닮고 싶으냐 물으면 일론 머스크$_{\text{Elon Musk}}$를 택하는 경우가 굉장히 많다. 그는 흔히 '괴짜'라고 불린다. 신문 기사에서도 '괴짜 부모 밑에서 나온 괴짜 소년'이라는 수식어를 자주 찾아 볼 수 있다. 머스크의 아버지는 전기 기계 엔지니어였는데, 비행기 조종사나 선원 등 여러 직업을 전전한 괴짜였다. 어머니는 패션 모델이자 영양학으로 석사학위를 받았다. 이런 부모에게서 태어난 머스크는 어렸을 때부터 독서를 많이 했다. 어린 시절에 니체와 쇼펜하우어를 읽었을 정도였다. 기억력도 뛰어났고 열 살 때 이미 컴퓨터에 관심을 보이며 스스로 조립하기 시작했다고 한다. 분명히 천재이다. 남아프리카공화국에서 태어난 머스크는 캐나다에 위치한 퀸스 대학교에 들어갔다. 이공계로 유명한 대학이다. 이후 펜실베이니아 대학교로 옮겼다가 다시 스탠퍼드 대학교에 갔다.

머스크가 현재 진행하고 있는 프로젝트 중 하나인 스타링크 프로젝트는 전 세계에 수천 개의 인공위성을 띄워 서로 연결시킴으로써 인공위성을 통한 인터넷 서비스를 못 받는 곳이 없도록 하겠다는 프로젝트이다. 이는 당연히 상업적으로 운영될 계획이다.

우리는 흔히 과학기술이 이미 존재하는 문제에 대해서 정확한 정답이나 해결책을 찾는다고 여긴다. 그런데 사실은 그렇지 않다. 머스크뿐 아니라 이전의 위대한 과학자들도 정답을 찾기 전에 엄청나게 많은 실패를 했다. 그들도 계산 착오를 하고, 실험 실패도 한다. 심지어 아인슈타인은 죽기 직전까지 자신이 틀렸다는 것을 수용하지 못하기도 했다.

위대한 과학자의 역할은 정답을 찾는 데 있는 것이 아니라 문제를 찾는 데 있다. 앞서 창의성을 강조했는데, 이는 문제를 찾는 능력의 또 다른 표현이기도 하다. 문제란 무엇일까? 예를 들어 스타링크에서 '왜 그 프로젝트를 진행해야 하는가? 스타링크 프로젝트를 위해 우리가 해결해야 할 부분은 무엇인가?' 등이 바로 문제이다.

잡스는 어떻게 매킨토시 등 새로운 컴퓨터뿐 아니라 수많은 디지털 장치 시리즈를 만들었을까? 잡스의 핵심 역시 문제를 찾는 데 있었다. 사람들이 기존에 겪는 불편함이 무엇인지, 그간 안 풀렸던 것이 무엇인지 찾아낸 것이다. 일단 문제를 찾고 나면 그 해결은 본인이 할 수도 있고, 본인이 속해 있는 집단이 할 수도 있고, 본인이 속한 세대가 할 수도 있고, 본인이 속한 세대의 다음 세대가 해결할 수도 있다.

문제를 찾는 것의 중요성은 우리의 일상생활에서도 쉽게 발견할 수 있다. 최근 자주 사용되는 챗GPT는 질문을 어떻게 하느냐에 따라 다른 수준의 답을 준다. 이제 답은 기계의 도움으로 대부분 해결할 수 있다. 여전히 남아 있는 인간의 역할은 내가 궁금한 것, 우리에게 의미 있는 것이 무엇인지, 즉 적절한 질문이 무엇인지를 찾는 일이다.

오해 4: 과학 공부는 혼자 하는 것이다

우리나라 산업의 인기 분야는 시대별로 달라졌다. 1945년 일제강점기에서 해방되어 6.25전쟁을 겪고 난 직후 국가의 최대 과제는 먹고사는 문제였다. 먹고사는 문제를 해결하고자 새마을운동을 진행하고, 쌀 품종을 개량해 어떻게든 수확량이 많은 농작물을 만들고자 했다. 절대다수의 인구가 농촌에 살았기 때문이다. 따라서 1950-1960년대 우리나라에서 가장 인기 있고 사회적인 요구가 많았던 분야는 농촌을 이끄는 농업이었다.

1970년대에 들어서며 우리나라는 중화학 공업을 시작한다. 일부는 일본인들이 운영하던 화학 공장을 수리하고 발전시켜 계속 사용했고, 일부는 석유를 수입해 석유화학 분야를 개척해 가기도 했

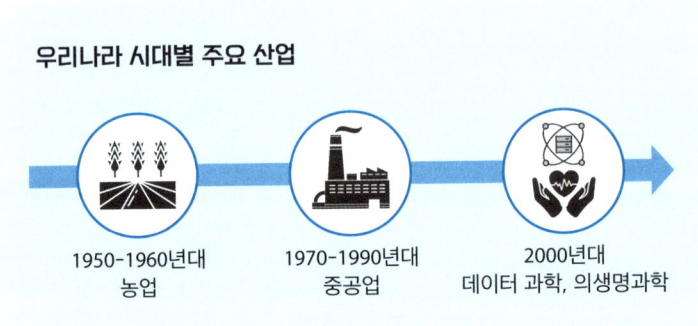

다. 농업을 위해 비료도 만들어야 했다. 이에 1970년대에 가장 똑똑한 사람들이 진학했던 대학은 바로 서울대 화학공학과였다. 한때 많은 수재들이 화학공학과에 진학했던 것이다. 그러다 1970년대 중후반부터 1980년대에 들어서며 물리학이 인기 분야가 되었다. 물리학을 전공한 사람 중 일부가 전자공학과나 반도체 분야로 진출했고, 그러면서 우리나라의 중공업 분야가 급속하게 발전했다. 이런 경향은 1990년대를 지나면서도 이어졌다.

오늘날은 AI와 데이터 과학의 시대이자 의학의 시대이기도 하다. 의학 계열에 대한 선호는 옛날부터 꾸준했지만, 전국 수석이 입학하는 과는 아니었다. 그런데 지금은 의학 계열로 엄청나게 많은 인력이 들어오고 있으며, 이는 대한민국의 사회현상 중 하나라고도 볼 수 있다. 앞으로는 AI, 빅데이터 분야가 가장 인기를 얻을 것 같다.

시기별로 몇몇 분야만 뽑아서 이야기했지만, 어느 한 분야만 독

보적으로 인기가 있었던 것은 아니다. 현대 과학 혹은 현대 과학기술은 기본적으로 '빅사이언스big science'라고 할 수 있다. 한 프로젝트를 수행하기 위해서는 어마어마하게 많은 전문 분야의 인력이 협업을 해야 하기 때문이다.

예를 들어 보자. 아래 사진은 누리호의 발사 장면이다. 누리호 발사 프로젝트는 일차적으로 우주 로켓 혹은 인공위성과 관련된 문제이기에, 당연히 항공우주 분야가 포함된다. 그런데 항공우주 분야는 기본적으로 기계공학이며, 전자통신에 해당하는 분야도 당연히 포함되어 있다. 극한의 조건에서 발사되는 누리호의 설계를 위해서는 재료나 금속과 관련된 공학도 필수적이다. 누리호 발사에 어떤 연료를 어떻게 활용할 것인지는 에너지의 문제이고 이 모든 프로젝트를 제어하는 것은 컴퓨터이다. 누리호가 발사되어 우주를 여행하고, 만약 달까지 간다면 그것은 지구환경 및 천문학과 관련된다. 누리호 발사 프로젝트의 언어는 수학이다. 누리호 위성이 어떤 곳에 착륙하도록 하고 추락하게 할 것인지는 모두 해양과 기상이 연결되어 있다. 이 외에도 빅데이터, AI, 건설, 토목도 포함된다. 심지어 과학기술 정책까지도 관련이 있다. 프로젝트를 성공적으로 수행하기 위해서는 어느 정도 규모의 돈이 필요할

2023년 5월 24일, 누리호 발사 장면

11장 이공계 공부에 대한 오해 (1)

지, 자금은 어떻게 조달할지, 어떤 부처들이 협력해야 할지, 이후 홍보는 어떻게 할지, 어떤 법률적·제도적 장치가 필요할지 등을 종합적으로 고려해야 하기 때문이다. 누리호 프로젝트라는 사례가 보여주는 것처럼 현대 과학기술은 수많은 분야가 함께 작업을 할 때만 가능하다.

흔히 한 분야, 예를 들어 물리학 전문가가 되면 "그래, 나는 물리학자로서 천문학 공부도 함께 하고, 협업 과정에서 데이터 사이언스도 활용한다."라고 말할 수 있으리라 생각한다. 하지만 이 분야의 관련 업무를 전부 완벽하게 해내는 사람은 아무도 없다. 결국 내가 가장 잘 아는 분야를 다른 사람이 더 많이 아는 분야와 연결해 직면한 문제를 의미 있게 해결하는 상황을 만들어야 한다.

그래서 네 번째 오해는, 과학기술 전문가는 한 분야에 정통하기만 하면 충분하다는 생각이다. 20세기 중후반까지는 그것이 가능한 적도 있었고, 지금도 여전히 한 분야만 파고드는 사람도 있다. 그런 사람도 당연히 필요하다. 하지만 결국에는 다른 분야와 협업할 수밖에 없다. 게다가 꼭 한국 사람들끼리만 프로젝트에 참여하는 것도 아니다. 오늘날 핵융합 장치 등 큰 프로젝트는 10개국, 20개국이 동시에 수행한다. 따라서 협업은 과학 분야에 있어 필수라고 할 수 있다.

오해 5: 이공계는 큰돈을 벌 수 없다

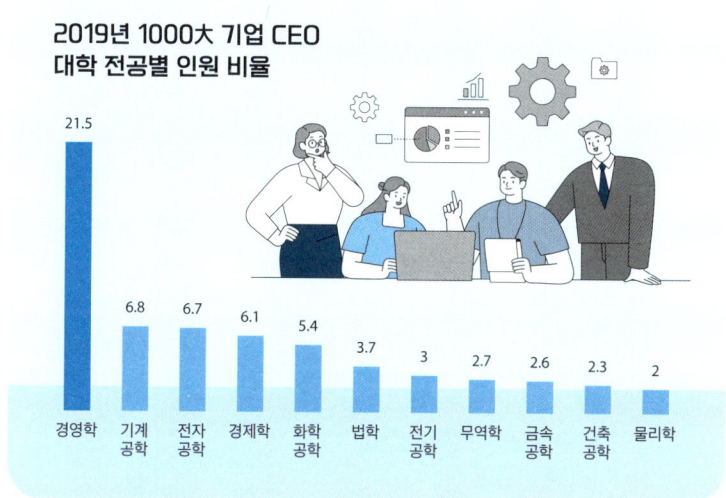

출처: 신성우(2020), 『비즈니스워치』

이 자료는 2019년 우리나라 1,000대 기업 CEO의 대학 전공별 비율을 보여 준다. 경영학이 압도적으로 많고 기계공학, 전자공학, 화학공학, 전기공학, 금속공학, 건축공학, 물리학 등 이공계 출신의 CEO도 상당히 많다. 이를 전부 합치면 아마 경영학과 비슷할 것이다. 5대 그룹 계열사 CEO의 전공을 봐도 역시 경영경제 쪽 비율이 높지만 나머지는 모두 전통적인 이공계 분야이다. 흔히 CEO가 되려면 경영학을 전공해야 한다고 여기지만 특히 IT와 관련이 있거나 스타트업일수록 이공계 출신의 역할이 훨씬 더 크다.

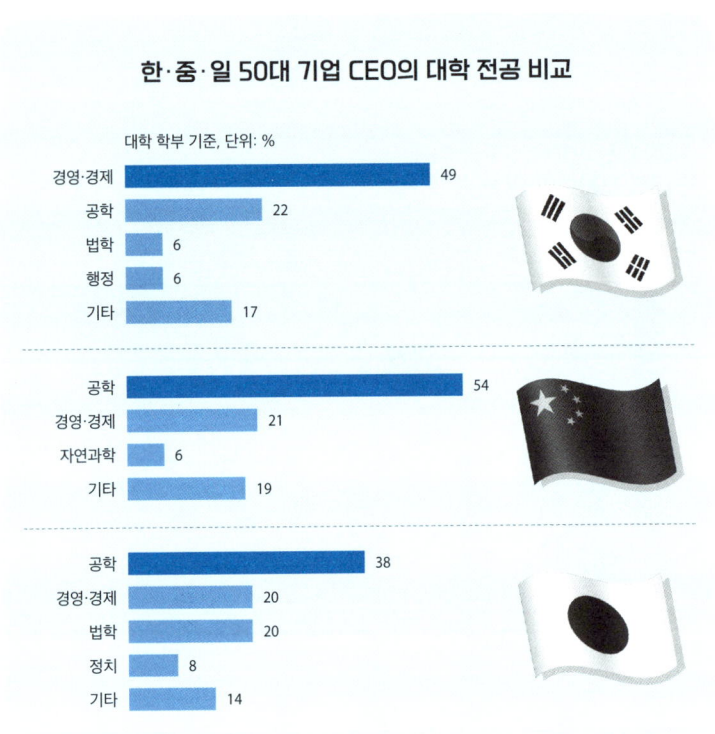

출처: 최형석(2009), 『조선일보』

　위 자료는 한국과 중국, 일본 3개국의 50대 기업 CEO의 전공을 비교한 것이다. 이공계 출신 CEO는 중국이 60퍼센트, 한국은 22퍼센트를 차지한다. 상대적으로 우리나라에 이공계 출신 CEO가 적다고 할 수 있다. 반면 거의 50퍼센트가 경영·경제 분야를 전공했다. 중국은 우리와 반대로 공학이 54퍼센트, 경영·경제가 11퍼센트이다. 일본도 38퍼센트가 공학을 전공했다. 우리나라의 사례는 일반적이라기보다는 특별한 경우라고 볼 수 있다. 추가적으로 학력을 비교해 보면 중국 기업에 고학력자(박사)들이 많고 일본은 학사가 압도적으로 많다. 한국은 그 중간쯤에 해당한다. 나이는 중요한 요소는 아니지만, 중국의 경우 젊은 그룹이 많은 편이라고 한다.

다섯 번째 오해는 이공계를 전공하면 돈을, 혹은 큰돈을 못 번다는 생각이다. 사실 이공계에서는 명예와 돈을 함께 얻을 수 있는데 말이다. 일반적으로 생각하는 것과 달리 이공계 전공자들은 연구직 외에도 기업의 CEO를 비롯해 여러 직종에서 활약하고 있다. 그러나 이런 오해는 심지어 전공자들 사이에도 존재한다. 자연과학을 연구하는 대학원생 중에도 의약학, 한의학을 공부하기 위해 박사과정을 그만두는 경우가 있고, 뒤늦게 경영학과나 법학전문대학에 가는 경우도 종종 있다. 자연과학대학의 교수 중에는 과학자로서, 혹은 연구자로서의 삶이 제자들에게 너무 가난해 보일지 몰라 일부러 고급차를 타고 다니는 경우도 있다고 한다.

지금까지 과학 분야에 대한 다섯 가지 오해를 점검해 보았다. 먼저 스스로 수학을 못한다고 생각하는 학생들이 꽤 있는데 사실 그렇지 않다. 한국에서 시험을 위해 공부하는 수학을 못하는 것일 뿐, 수학 자체에 대한 소질은 다른 문제이다. 마찬가지로 한국 학교에서 배우는 과학을 못하더라도, 과학에 대한 재능과 소질은 있을 수 있다. 다음으로 과학자가 되기 위해서는 높은 지능이 필요하다는 오해를 검토해 보았다. 지능도 중요하겠지만 그보다 중요한 것은 남과 다른 생각이다. 우리의 시험이나 평가 시스템은 정답을 찾는 사람에게 더 좋은 점수를 준다. 대학에서의 학점도 마찬가지이다. 그러나 연구자가 되고 나면 정답을 찾는 것보다 더 핵심적인 것은 무엇이 의미 있는 문제인지 찾는 일이다. 우리가 알고 있는 위대한 과학자들은 이 중요한 문제를 찾아낸 사람이다. 일단 문제를 찾고 나면 그것은 혼자 풀 수도 있고, 팀이 해결할 수도 있고, 후대에 해결할 수도 있다. 다음으로 과학기술에서는 한 분야에 정통해야 한다는 오해도 확인해 보았다. 부분적으로는 맞는 말이나 그것만 통용되는 시대는 지났다. 이제는 다른 분야와 반드시 협업해야 한다. 그러기 위해서는 자기 전공 분야에 대한 깊이도 더해야겠지만, 과학 일반과 과학 바깥에 해당하는 폭넓은 소양을 갖춰야 한다. 결국 과학기술이 해결하는 문제의 상당 부분은 인류가 고민하는 문제이기 때문이다. 인간이 겪는 불편, 인류 사회의 문제를 이해하려면 과학만으로는 불충분하다. 과학을 폭넓게 공부하면서, 그 이외의 분야도 같이 공부하고 고민해야 한다. 마지막으로, 이공계를 나오면 명예뿐만 아니라 경제적인 성공도 얻을 수 있다.

이공계 공부에 대한 오해 (2)

11장에서는 이공계 공부에 대한 다섯 가지 오해를 검토하고 바로잡았다. 이어서 12장에서는 나머지 다섯 가지 오해를 검토한 후 앞으로 멀리 나아갈 수 있는 과학 공부법에 대해 알아본다.

오해 6: 이공계는 의대 아니면 공대이다

이공계를 공부하면 어떤 분야로 진학할 수 있을까? 이를 알아보기 위해 서울대에 있는 단과대학 중 이공계 학과들을 모아 봤다. 자연과학대학은 자연과학을 공부하는 대표적인 이공계 분야이며 수리과학부, 통계학부, 물리천문학부, 화학부, 생명과학부, 지구환경과학부로 나뉜다. 공과대학에도 공학계에 해당하는 기본적인 학과들이 속해 있다. 그중 건축학과와 산업공학과는 이공계이면서도 문과적 성향이 굉장히 강한 분야인데, 당연히 이공계 소양을 기본적으로 갖춰야

서울대학교 이공계 학과

자연과학대학	수리과학부, 통계학과, 물리천문학부, 화학부, 생명과학부, 지구환경과학부
공과대학	건설환경공학부, 기계공학부, 항공우주공학과, 재료공학부, 전기·정보공학부, 컴퓨터공학부, 화학생물공학부, 건축학과, 산업공학과, 에너지자원공학과, 원자핵공학과, 조선해양공학과
농업생명과학대학	식물생산과학부, 산림과학부, 응용생물화학부, 식품·동물생명공학부, 바이오시스템·소재학부, 조경·지역시스템공학부
간호대학	간호학과
의과대학	의예과, 의학과
약학대학	약학과, 제약학과
사범대학	물리교육과, 화학교육과, 생물교육과, 지구과학교육과, 체육교육과
생활과학대학	식품영양학과, 의류학과

한다. 농업생명과학대학 역시 이공계가 대부분인 단과대학이다. 농업경제, 지역사회개발 등 위 표에 제시하지 않은 분야를 제외하면 말이다. 의약계로 묶이는 간호대학, 의과대학, 약학대학도 있다. 이 세 개 분야는 화학과 생명과학이 기본인 대표 분야라고 볼 수 있다.

사범대학에도 물리학, 화학, 생명과학, 지구과학 교과에 해당하는 교육과가 있다. 이 분야도 당연히 이공계 공부가 가장 기본이다. 체육교육과 역시 스포츠 사이언스를 다루는 분야가 많기 때문에 상당 부분 이공계와 관련이 있다. 생활과학대학에도 이공계 학과가 포함되며 식품영양학과와 의류학과가 여기에 속한다. 예를 들어 의류학에는 패션 분야뿐 아니라 텍스타일을 과학적으로 연구하는 분야도 있다.

정리하면 현재 서울대 이공계 분야는 자연과학대학, 공과대학, 농업생명과학대학, 간호대학, 의과대학, 약학대학뿐 아니라 사범대학, 생활과학대학까지 매우 폭넓다. 물론 공과대학에 기반을 둔 카이스트 등 이스트 계열 대학, 한양대학교, 광운대학교처럼 이공계에 더 특화된 대학에는 보다 세분화된 학과들이 있다. 종합대학으로서의 서울대가 채택하는 학과 편제는 일반적인 것으로, 이공계 분야에 특화된 대학에서는 또 다른 분야를 찾아 볼 수 있을 것이다.

그럼에도 많은 사람이 이공계라고 하면 의대와 공대만을 떠올린다. 이것이 여섯 번째 오해이다. 자연과학대학도 있고, 약학대학도 있으며, 사범대학, 생활과학대학, 농업생명과학대학 이외에도 여러 분야가 있기에 매우 다양한 전공이 포함되는데 말이다. 이공계로 진학하면 생각보다 더 많은 진로를 고려할 수 있다는 점을 꼭 강조하고 싶다.

오해 7: 이공계를 졸업하면 과학자나 공학자가 된다

마거릿 대처와 앙겔라 메르켈에게 '20세기 최고의 여성 정치가'라는 수식어를 붙이는 데에 반대하기 어려울 것이다. 두 사람 사이에는 20-30년 정도의 나이차가 나지만 공통점이 있다.

마거릿 대처Margaret Thatcher는 1943년 옥스퍼드 대학교 화학과에 입학했다. 졸업 후 전공을 살려 세계적으로 유명한 제약회사인 ICI에 취직하려 했으나 뜻대로 되지 않았다. 평소에 관심이 있던 정치의 길을 걷기 시작했음에도, 대처는 옥스퍼드 대학교에서 화학을 꾸준히 공부해 좋은 성적으로 졸업했다.

대처는 다음과 같은 말을 남겼다. "최초의 여성 총리가 된 것보다, 최초의 과학 전공자로서 총리가 된 것에 더 자부심을 느낀다." 개개인의 정치적 입장을 떠나 대처의 총리 취임이 영국의 정치가 확연히 달라지는 큰 계기를 마련했음은 누구도 부정하기 어려울 것이다.

또 한 명의 여성 지도자는 최장수 독일 총리 앙겔라 메르켈Angela Merkel로, 1978년 라이프치히 대학교에서 물리학 디플롬을 받았다. 독일에서 당시 디플롬은 우리나라로 따지면 석사과정까지 마친 것에 해당한다. 메르켈은 디플롬에 머물지 않고 양자화학 분야에서 박사학위까지 받았다. 이후 베를린 과학아카데미에서 연구원으로 일하기도 하는 등 전문적인 과학자로 활동했다. 그러나 결국 메르켈은 독일의 훌륭한 정치가가 되었고, 20세기가 저물고 21세기에 들어설 때까지도 독일에서 총리로 활동했다.

대학에 들어와서 이공계 공부를 마치고 난 다음 졸업할 무렵이면 그 다음 진로를 정하게 된다. 그러한 진로 중에는 정치인도 있다. 잠깐만 찾아 보아도 정치인 중에 이공계 출신이 많음을 알 수 있다. 대처와 메르켈 이외에도 싱가포르의 리센룽 Lee Hsien Loong 총리는 케임브리지 대학교 수학과를, 이스라엘의 베냐민 네타냐후 Benjamin Netanyahu 총리는 MIT 건축학과를 졸업했다. 중국 역시 전통적으로 정치 지도자 중에 이공계 출신이 많다. 후진타오 胡錦濤 나 시진핑 習近平 모두 칭화대에서 이공계를 공부했다. 러시아의 보리스 옐친 Boris Yeltsin 도 건축학과 출신이고, 일본 총리를 했던 하토야마 유키오 鳩山由紀夫 도 동경대 공학부를 졸업해 스탠퍼드 대학교에서 공학박사 학위까지 받았다.

국내에도 이공계 출신 유명인이 많다. CEO 중 SM의 이수만 전 대표는 서울대학교 농공학과를 졸업했고, 다음커뮤니케이션 창업자인 이재웅, 네이버 창업자인 이해진, 카카오 창업자인 김범수 모두 뉴테크, 즉 전산학 혹은 산업공학 분야 출신이다. 삼성전자 대표이사들도 대부분이 이공계 출신이다. 그뿐만 아니라 정치인 안철수, 이준석, 하태경도 이공계를 전공했다. 연예인 하석진도 기계과 출신이다. 스위스 로잔연방공과대학교 출신의 공학박사 연예인도 있고, 한국과학기술원 전산학과 출신의 방송인도 있다. 이렇듯 이공계를 졸업한 사람들은 다양한 분야에서 활동하고 있다.

이공계 대학을 졸업한 이후 어떤 진로로 이어졌는지 살펴보면, 과학자나 공학자가 되는 길만 존재하는 것이 아님을 알 수 있다. 조금 거칠게 말하면 무엇이든 될 수 있다.

오해 8: 과학은 정치·사회·문화와 무관하다

2015년 UN 총회에서는 2030년까지 달성하기로 한 지속가능발전목표를 설정했다. 여기에는 21세기 초반 인류가 직면한 가장 심각한 문제들을 중심으로 인류가 공동으로 꼭 해결해야 할 핵심 주제 열일곱 가지가 속한다.

'깨끗한 물과 위생', '적정 가격의 깨끗한 에너지', '기후행동', '수생태계 보전', '육상생태계 보전' 등은 과학기술과 직접 관련되는 문제이다. 또한 '빈곤 퇴치', '기아 종식', '건강과 웰빙', '양질의 일자리와 경제성장', '산업, 혁신, 사회기반시설', '지속가능한 도시와 지역사회', '책임 있는 소비와 생산' 등은 과학기술과 간접적으로 연결된 문제이다.

유네스코 2030 지속가능발전목표

이처럼 우리 인류가 직면해 있는 글로벌 수준의 거의 모든 문제가 과학기술과 직간접적으로 연결되어 있다. 다시 말해, 현대사회의 모든 분야는 이제 과학기술과 떼려야 뗄 수 없다. 전통적으로 과학은 정치·사회·문화 등과 무관하다고 여겨져 왔다. 그러나 오늘날 벌어지는 수많은 자연재해와 재난은 정치적 의사결정과 산업의 재편이 필요한 분야이기도 하지만, 한편으로는 과학적으로 해석하고 이해해 공학적으로 해결해야 할 문제이기도 하다. 정치적·산업적 의사결정에는 반드시 과학기술이 필요하다. '과학은 정치·사회·문화와 무관하다'는 여덟 번째 오해를 바로잡자면, 과학은 현대사회의 모든 분야와 관련이 있다.

오해 9: 과학을 공부하려면 과학고에 가야 한다

앞서 고등학교에서의 과학 공부를 설명하며 잠시 소개했지만, 2022 교육과정부터는 고등학교에 새로운 교과목이 많이 만들어졌다. 초등학교와 중학교에서는 과학 과목을 배우고, 고등학교 1학년에 올라가면 통합과학 1·2와 과학탐구실험 1·2를 배우게 된다. 고교학점제가 본격화되는 고등학교 2-3학년에는 선택과목을 공부하는데, 이는 일반 선택, 진로 선택, 융합 선택으로 나뉜다.

일반 선택과목으로는 물리학, 화학, 생명과학, 지구과학 네 과목이 있으며, 이공계에 진출하려는 학생이라면 꼭 이 네 과목을 모두 들어야 한다고 강조한 바 있다. 이후 진로 선택과목으로 물·화·생·지 각 영역에 두 개씩의 과목이 추가로 배정된다. 자신의 진로에 따라 과목을 선택할 수 있는 폭이 넓어지는 것이다. 융합 선택과목 중 과학의 역사와 문화는 인문사회계로 진출하더라도 꼭 공부하길 권장하는 과목이라고 언급했었다. 전체적으로 일반계 고등학교의 교육과정에서 학생의 선택 폭이 많이 확대된 상황이다.

또한 일반계 고등학교 외에 과학을 더 집중적으로 공부할 수 있는 학교인 과학고등학교와 과학영재학교, 그리고 과학중점학교가 있다고 이야기했다. 이들 학교에서는 선택과목으로 고급 수준의 물리학, 화학, 생명과학, 지구과학이 제공된다. 과제 연구뿐 아니라 실험에 해당하는 분야도 과목별로 존재한다. 이는 일반계 고등학교와 다르게 추가로 공부할 수 있는 과목들이다.

특히 과학중점학교에는 2단위짜리 과학교양 과목이 두 개나 있다. 또한 수학을 8단위 공부하고, 연간 40시간 이상의 과학 체험 활동을 하게 되어 있다. 따라서 1학년 때 매우 다양한 과학 관련 탐구 활동, 토론 활동, 조사 활동을 경험할 수 있다. 1학년을 마치면 과학중점과정에 진입할 수 있는데, 여기에서는 전체 교과 단위의 45퍼센트 이상을 여덟 개 과학 과목으로 반드시 공부해야 한다. 과학 두 과목도 4단위 이상 편성을 권장하고, 수학 네 과목을 이수해야 한다는 조건도 붙어 있다. 이에 더해 과학융합, 고급 물리학 등의 심화 과목까지도 모두 공부할 수 있다.

많은 사람이 하는 아홉 번째 오해는 '과학을 공부하려면 과학고등학교나 과학영재학교에 가야 한다'는 것이다. 이에 과학고등학교나 과학영재학교 입시 경쟁이 심해지고, 이를 준비하기 위해 사교육이 과열되기도 한다. 사실 이러한 방식의 입시 준비는 큰 도움이 되지 않는다. 선행학습 금지법이 제정된 이후 학교에서 선행학습이 불가능해졌을 뿐 아니라, 과학고등학교와 과학영재학교의 입시 문제도 중학교 수학과 과학의 범위 내에서만 출제할 수밖에 없기 때문이다. 또 과학고등학교뿐만 아니라 일반계 고등학교나 과학중점학교에 입학하더라도 매우 다양한 과학 분야를 공부할 수 있다. 더욱이 지금은 융합 시대이기 때문에 과학만 공부해서는 안 된다. 과학을 공부하면서도 역사, 사회, 경제, 철학, 문학 등의 분야가 동시에 필요한 시대이다. 그렇기에 과학을 계속 공부하기 위해서 꼭 과학고등학교에 가야 하는 것은 아니다.

오해 10: 인문사회계에서는 과학 공부가 필요 없다

단도직입적으로 말해 인문사회계를 택하더라도 과학 공부는 필요하다. 예컨대 역사학에서 요즘 많이 공부하는 분야는 과학사나 기술사이다. 과학사는 주목받은 지 꽤 되었고, 기술사는 최근 아주 각광받는 분야이다. 철학에서도 과학철학, 생명윤리 등은 과학기술과 관련되어 있다. 언어 분야에서도, 오늘날의 인공지능 기반 통번역을 하려면 코딩, AI 등 기본적인 컴퓨터 작동에 관해 공부해야 한다.

경영경제 분야도 마찬가지이다. 예컨대 금융수학은 이공계의 수학적인 기반이 탄탄한 사람들이 많이 진출하고 두각을 드러내는 분야이다. 그중에는 수학 전공자, 이론물리학자나 계산물리학자도 있다. 사회학과 정치학 분야에서도 과학 사회학과 과학기술 정책학이 있다. 현대사회는 과학기술 중심 사회이기에 사회가 어떻게 작동하는지, 사회를 건강하게 발전시키기 위해서는 어떤 정책과 방안을 택해야 하는지를 과학기술을 중심으로 연구하는 분야이다. 당연히 과학기술과 관련이 있다.

언론방송도 굉장히 각광받는 분야로 그중 하나가 과학 커뮤니케이션이다. 요즘 유튜브에 과학과 관련된 콘텐츠를 개발하는 사람들이 많이 보이는 이유도 여기에 있다. 과학 커뮤니케이션이나 과학, 공학, 의학 분야를 담당하는 언론사의 전문 기자들은 표면적으로 신문방송인으로 분류될 수 있으나 과학기술적인 배경지식이 없으면 일을 지속하기가 어렵다. 심지어 예술 분야도 과학기술과 관련이 있다. 디지털 아트, 키네틱 아트 등이 그 사례이다. 이 외에도 다 나열하지 못했지만 과학기술과 관련된 인문사회계 진로는 굉장히 많다.

과학사나 기술사를 전공하고 싶고 더 깊이 공부하고 싶은 경우라면 역사학만 계속 공부해서는 부족하다는 것이다. 적어도 학부에서, 혹은 대학원까지 이공계 분야를 전공한 뒤에야 역사, 철학 분야나 과학기술 정책 분야의 전문가가 될 수 있다. 만약 자녀가 이러한 장래희망을 가지고 있다면 대학에 입학할 때 과학기술 분야를 선택하라고 권하고 싶다. 더불어 인문사회계에도 과학기술과 관련된 새롭고 다양한 학문 영역이 있다. 이에 인문사회계에 진출한 학생들도 과학기술과 관련된 소양은 기본적으로 필요하다.

특히 과학기술을 먼저 익히고 다른 분야로 확장하는 것이 효율적이라는 점을 강조한다. 그 반대는 매우 어렵기 때문이다. 예를 들어 석사과정까지 언론학만 공부했다면 갑자기 과학기술 전문 언론인이 되기는 어렵다. 과학기술에 대한 전문적인 내용을 그때 가서 공부할 수 없기 때문이다.

11장에 이어 여기서도 이공계에 대한 다섯 가지 오해를 살펴봤다. 12장에서 검토한 오해를 바로잡으면 다음과 같다. 먼저 이공계에는 의대와 공대만 있지 않으며 다양한 진로가 있다. 직업 선택의 자유 역시 열려 있기에 이공계를 졸업한다고 모두 과학자나 공학자가 되는 것은 아니다. 또한 정치·사회·문화 분야는 과학기술과 무관하지 않다. 현대사회의 모든 분야는 과학기술과 직간접적으로 관련이 있다. 과학을 집중적으로 공부하기 위해 꼭 과학고등학교에 가야 하는 것도 아니다. 일반계 고등학교나 과학중점학교에서도 얼마든지 과학을 공부할 수 있다. 마지막으로, 인문사회계를 택했더라도 과학을 모르면 안 된다.

멀리 갈 수 있는 과학 공부 습관

이 장을 마무리하며 멀리 갈 수 있는 과학 공부 습관에 대해 이야기하겠다. 우리 사회는 속도에 너무 주목하고, 무엇이든 빨리빨리 하려고 노력하는 경향이 있다. 사실 우리가 진정으로 목표로 삼아야 하는 것은 개인적으로나 사회적으로나 얼마나 꾸준히 멀리 가는가이다. 사회의 각 구성원이 자기 전문 분야에서 가능한 한 멀리 가면, 그 사회의 전체적인 활동 영역도 넓어질 것이다. 그래서 멀리, 꾸준히 가는 것이 매우 중요하다.

이를 위해서는 어떤 습관이 필요할까? 첫째, 우리 생활 주변과 자연 속에서 다양한 경험을 해봐야 한다. 그 과정에서 우리 사회에서 느끼는 불편함을 알 수 있으며, 이를 바탕으로 질문과 호기심을 가지고 문제의식을 구체화해야 한다. 그래야 자신의 문제가 되었을 때만 비로소 진정으로 경험하며 마주하게 되는 어려움도 극복하고 멀리 갈 수 있다.

또한 질문에 대한 답에 집착하기보다는 의미 있는 질문을 찾는 습관이 중요하다. 우리 사회는 흔히 답을 찾는 것에 집중한다. 무엇보다 우리나라의 평가 시스템은 정답을 맞추는 데 초점을 둔다. 많은 교육학자나 교사들이 이런 경향을 한결같이 비판하고 또 그 대안을 찾으려고 노력하는데도 잘 개선되지 않는 부분이다. 그러나 과학에서는 답보다는 질문을 찾는 것이 훨씬 더 중요하다. 요즘같이 AI

가 널리 퍼져 있는 세상에서 답은 상당 부분 인공지능과 인터넷에서 얻을 수 있다. 그렇지만 어떤 질문을 던지는가는 문제의식과 곧바로 연결되기에 중요하다. 자녀가 질문을, 그것도 의미 있는 질문을 하는 습관을 가지도록 하자.

과학탐구실험, 즉 직접 탐구를 설계하고 수행하는 데에 참여하는 것도 중요하다. 단순히 손만 쓰는 것이 아니라 의미 있게 이해하고 추론하며 실행하는 경험을 해보는 것이다. 다른 사람이 하는 것을 어깨 너머로 보기만 할 것이 아니라 직접 참여해야 한다. 그랬을 때에만 실질적인 능력과 실력이 향상된다.

과학탐구실험 못지않게 자주 거론하고 강조한 것이 협업이다. 과학자나 공학자의 경우 40대가 될 때까지는 개인의 노력과 역량만으로도 어느 정도 위치에 오를 수 있다. 하지만 크든 작든 어느 프로젝트나 조직을 이끌어 가는 위치에 놓이면, 그때부터는 협업이 필수적이다. 협업 능력에 따라 성과와 프로젝트 성공 여부가 달라진다. 그래서 협업 능력과 팀워크 능력 역시 매우 중요하다. 과학임에도 불구하고가 아니라 오히려 과학이기에 더 중요할지도 모르겠다.

다양한 정보 통신 기술 소프트웨어를 다루는 디지털 능력도 중요하다. 요즘 초중학교에서는 대부분 노트 필기를 하지 않는다. 구글 클래스룸 등에서 온라인상으로 모든 소통을 진행하고, 숙제를 하며 이를 확인하고 서로 의견도 교환한다. 모두가 코딩 전문가가 되거나 개발자의 능력을 가질 필요는 없지만, 이미 만들어진 다양한 툴을 사용할 수 있는 능력을 갖추는 것은 필요하다. 그러한 도구는 시간도 절약해 주고, 창의력도 키워 주며, 과제나 의견 교환이 가능한 수단이자 매체이기 때문이다.

마지막으로 철학적인 질문과 해석을 함께 했으면 좋겠다. 과학자나 공학자가 되어 평생에 걸쳐 연구를 하다 보면 크고 작은 어려움을 만나게 된다. 당장 해결이 어려운 경우도, 내가 이 일을 왜 하는지 궁금할 때도, 일이 잘될 때도 있고 풀리지 않을 때도 있을 것이다. 경제적인 부가 생기거나 명예를 얻을 수도 있겠지만 꼭 그것만이 중요하지는 않다. 내가 하는 일이 지닌 의미는 무엇인지, 왜 이 일이 인류 사회에 필요한지, 지금 고민 중인 문제는 인류의 역사와 철학 사상에 어떤 영향을 줄 것인지 등 조금 깊이 있는 질문을 아이가 스스로 던질 수 있다면 좋겠다. 이는 자기 스스로 하는 일에 대해 의미를 부여하는 활동이기에, 이러한 철학적인 질문과 인문학적인 이해가 있다면 지금 몰두하는 일들이 훨씬 더 가치롭게 느껴지면서 어려움을 극복할 에너지도 생긴다. 이는 자신의 일을 스스로 정당하다고 느끼고 자신의 분야를 다른 사람에게 홍보하고 설득하는 데에도 매우 중요하다. 따라서 과학 공부와 더불어 이러한 능력을 기르라고 특히 강조하고 싶다. 이런 습관들을 기른다면 자녀의 과학 공부는 빠르지는 않더라도 멀리까지 갈 수 있을 것이다.

13장
미래 과학교육의 방향은?

지금까지 과학이 어떤 학문인지, 과학을 공부하면 어떤 진로로 진출할 수 있는지 등을 검토해 보았다. 앞서 살펴본 것은 지금까지의 과학에 집중했다고 할 수 있다. 그렇다면 앞으로의 과학은 어떤 모습일까? 13장에서는 미래 과학교육에 대해 집중적으로 살펴본다.

21세기의 위기와 과학기술의 현황

알버트 아인슈타인이 교육에 관해 남긴 훌륭한 말이 두 가지 있다. 하나는 "교육은 사람들이 학교에서 배웠던 것을 모두 잊어버리고 난 뒤에도 남아 있는 무엇이다."라는 말이다. 우리가 배우는 낱낱의 지식 덩어리 또는 세부 사항들보다 그런 것을 다 잊고 난 다음에도 남는 것, 즉 그 과정에서 길러진 역량 등이 중요하다는 의미이다. 100여 년 전에 한 말이지만, 아직까지도 우리나라의 교육이 아인슈타인의 말을 실현하지는 못하고 있다고 생각한다. 미래 시대에 이 말은 더 중요하리라 여겨진다.

또 한 가지는 창의력과 관련이 있다. "모든 사람은 천재이다. 그러나 나무를 타는 능력으로 물고기를 판단한다면, 물고기는 평생 자신이 멍청하다고 믿으면서 살게 될 것이다."라는 말이다. 물고기의 능력과 나무를 타는 능력은 서로 완전히 다른 영역이다. 우리는 아이들을 교육하고 평가하며 그 과정에서 아이들이 새로운 역량을 기르기를 바란다. 그런데 종종 물고기에게 어울리지 않는 능력을 갖게 하려는 것처럼 각 아이가 지닌 다양한 능력, 소질, 관심은 무시한 채 하나의 잣대로 재단하거나 혹은 필요하지 않은 능력을 기르도록 강요한다. 매우 어리석고 현명하지 못한 선택이다. 우리 학교의 교육, 우리 사회의 학습이 혹시 이렇지는 않은지 반성해 보게 된다.

그렇다면 지금까지의 우리나라 교육 환경은 어떠했고, 지금의 과학교육과 관련된 문제점은 무엇일까? 또 우리나라의 교육은 앞으로 어떻게 나아가야 할까? 이에 답해 보기 위해 먼저 우리나라가 역사적으로 '가지고 있는 것' 세 가지와 '가지지 못한 것' 세 가지를 살펴보도록 하자.

세 가지 '가지지 못한 것' 중 첫째는 풍부한 천연자원이다. 우리나라는 석유가 풍부하게 나오는 산유국도 아니고, 철광석 등 지하자원이 많은 것도 아니며, 목재 등 천연자원이 충분한 것도 아니다. 둘째는 대규모의 거대한 관광자원이다. 물론 우리나라에도 역사적인 관광자원이 있지만, 스위스의 알프스나 중국의 만리장성, 그리스의 유적 등에 비교하면 상대적으로 부족하다. 부족한 만큼 새로운 관광지를 개발하거나, 부족한 환경에 맞게 다른 관광 전략을 세워야 한다. 셋째로, 20세기 이후 더 중요해진 영어에 의한 유리함이다. 영어를 모국어로 사용하는 나라에는 미국, 영국, 캐나다, 호주 등이 있다. 모국어는 아니지만 영어를 공식적인 언어로 쓰는 나라도 있는데, 영국의 식민지였기 때문에 여전히 영어 교육이 광범위하게 이루어지는 싱가포르, 홍콩 같은 경우가 그렇다. 특히 고급 교육에서 영어가 쓰이는 나라로는 인도나 파키스탄 등이 있고, 동남아시아에도 그런 나라들이 있다. 하지만 우리나라는 영어에 의한 이점이 없다. 우리말과 영어는 언어 체계도 다르고, 우리나라는 영어를 상시 사용하거나 듣기에는 매우 부족한 환경이다. 이렇게 세 가지가 우리에게는 아쉽지만 없는 것들이다.

그렇다면 '가지고 있는 것' 세 가지는 무엇일까? 첫째는 전쟁과 분단의 역사이다. 이는 19세기 말부터 지금까지 이어지고 있는, 지울 수 없는 현실이다. 러일전쟁, 청일전쟁, 일제강점기, 6.25전쟁, 남북분단 등은 우리 삶에 여전히 존재한다. 또 하나는 우리를 둘러싸고 있는 4대 열강, 즉 미국, 중국, 러시아, 일본이다. 이 네 국가는 100년 전에도 4대 열강이었고 지금도 그러하다. 이들은 국익에 따라 우리나라와 협력할 수도, 우리나라를 외면할 수도 있다. 우리는 그 틈바구니에서 국가적 생존을 모색해야 하는 것이 사실이다. 이 두 가지

'가지고 있는 것'은 없었으면 더 좋았을 것이기도 하다.

 나머지 하나는 아주 열정적인 국민이다. 우리나라는 해방 세대 및 베이비붐 세대의 열정적인 확장과 돌파를 경험했다. IMF 극복, 붉은 악마 현상 등에서 알 수 있듯, 우리나라 국민은 국가적 이슈에 집중해야 한다고 판단하면 하나로 뭉치는 열정이 있다. 이 열정이 드러나는 또 다른 분야가 바로 교육열이다. 수많은 문제가 야기되어 안타깝기도 하지만, 한편으로는 국가 발전에 큰 도움이 되는 측면도 있다. 어쨌든 한국인이 지닌 열정은 부인할 수 없는 사실이다. 결국 우리가 가질 수 있는 것은 '사람' 하나뿐이다. 이것이 우리의 현실이다.

 그런데 최근 들어 우리나라는 한 번도 경험해 보지 못한, 어쩌면 우리나라뿐 아니라 세계적·역사적으로도 유례없는 인구 절벽에 직면하고 있다. 앞서 우리나라의 거의 유일한 '기댈 언덕', 믿는 구석은 사람뿐이라고 말했다. 그러나 다음 그래프를 보면 1970년대 4.53이었던 합계 출산율이 2020년에 들어 0.84로, 2021년에는 0.81로, 2022년에는 0.78로, 2023년에는 0.72로 줄어들었다는 점을 알 수 있다. 더 큰 문제는 이 감소 추세가 쉽사리 바뀌지 않으리라는 것이다. 설령 유지된다고 해도 대단히 심각한 상황이다. 결국 유일하게 믿었던 인구와 관련된 문제는 인력과 두뇌의 문제이자, 우리 사회가 직면한 교육을 포함한 모든 문제의 핵심이라고 생각한다. 과학기술 분야의 입장에서 볼 때도 앞으로의 과학기술을 이끌어 갈 미래 세대가 없다는 것이기도 하다.

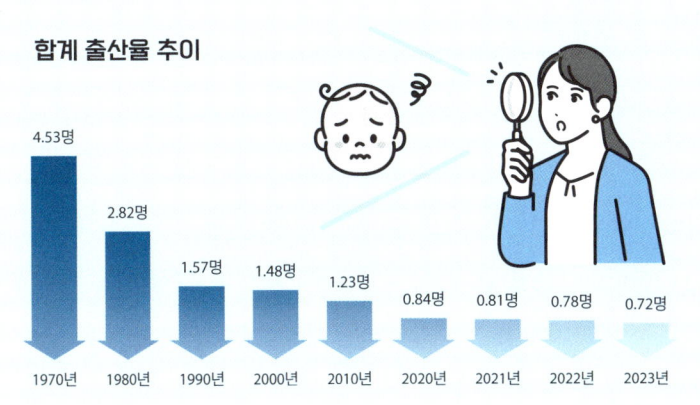

출처: 통계청 지표누리

    다른 한편 21세기에 우리가 직면하고 있고 앞으로도 직면하게 될 문제는 위험 사회이다. 기후 위기로 말미암아 우리나라에서는 해마다 폭염, 산불, 미세먼지, 초미세먼지, 홍수 등의 자연재해를 겪는다. 세계적으로도 지진, 산불, 홍수, 미세먼지가 큰 문제이다. 지난 3년 동안은 코로나19라는 전 세계적 위기도 있었다. 기후 위기나 코로나19 등 바이러스와 관련된 문제는 인류가 공통으로 직면하는 사안이다. 이를 해결하기 위해서는 결국 과학기술에서 방법을 찾는 수밖에 없다. 과학기술은 백신을 개발하거나, 에너지를 절감할 수 있는 기술을 만들거나, 이미 배출된 이산화탄소를 포집해서 대기 중 이산화탄소량을 줄이는 등 여러 측면으로 기여해 왔다. 여전히 해결해야 할 문제들이 있지만, 그것들을 해결할 수 있는 방법은 역시 과학기술일 수밖에 없다.

위험 사회와 관련해 정보 통신 관련 신기술에도 주목해야 한다. 지난 10년 동안 우리 사회에 유행했던 키워드 중에는 메이커 스페이스, 4차 산업혁명, 빅데이터, 5G, 초연결 사회, 인공지능, 비대면, 메타버스 등이 있다. 그러나 불과 작년까지만 해도 그토록 많이 사용했던 메타버스라는 말을 지금은 거의 듣기 어렵다. 대신 지금은 챗GPT가 대세이고, 내년에는 거의 틀림없이 또 다른 용어가 나올 것이다. 해마다 새로운 개념과 과학기술이 등장하는 추세는 당분간 계속될 것으로 보인다.

21세기 과학의 특징은 여러 차례 이야기했듯 빅사이언스, 즉 거대과학이다. 우주 로켓 하나를 쏘는 데 동원되는 분야는 수없이 많고, 전기 자동차를 만드는 데에도 다양한 분야의 과학기술이 쓰인다. 이처럼 21세기 과학기술 연구는 거대 프로젝트 형태로 진행되며 여러 분야의 사람들이 참여해 협업한다. 그래서 현대 과학의 특징은 거대화·산업화·기업화이다. 테슬라, 애플, 삼성 등의 기업들은 이미 모두 거대화·산업화·기업화되어 있다. 거대 기업이 지닌 동력으로 또 새로운 AI 등의 과학기술이 등장해 다시 인간 사회를 이끌어 간다. 우리는 그러한 시대에 살고 있다.

시대에 뒤떨어진 우리나라의 과학교육

인구 급감을 피할 수 없고, 위험 사회 속에서 수많은 기술이 폭발적으로 증가하고 거대화되는 21세기에 들어서는 동안에도 우리나라의 과학교육은 지난 20년간 거의 변하지 않았다. 3-4년마다 진행되는 국제 수학 및 과학 성취도 비교 연구인 TIMSS와 PISA의 최근 결과를 보아도 우리나라 과학교육은 거의 변화가 없다. 그 특징은 높은 성취도로 요약할 수 있다. 우리나라가 항상 성취도 상위 1-5위를 차지하고 있으니 말이다. 수학과 읽기에서도 비슷하게 높은 성취도를 보인다. 물론 우리나라 학생들은 대개 모든 시험에서 최선을 다하기에 국가를 대표하는 성취도 평가에서는 평소보다 더 열심히 해서 실력에 비해 높은 성적을 거뒀을 수 있다. 그렇지만 우리나라 학생들이 공부를 아주 잘하고 열심히 하며 성실한 것은 부인할 수 없는 사실이다.

반면 자신감과 흥미는 지극히 낮다. 항상 뒤에서 1-3등을 놓치지 않는다. 특히 초등학교 때까지는 괜찮다가 중학교 이후부터 수학은 64퍼센트에서 46퍼센트로, 과학은 76퍼센트에서 34퍼센트로 엄청나게 떨어진다. 필자도 데이터를 다시 정리하기 전까지는 이 정도로 심각한지 몰랐다. 과학에 대한 자신감과 흥미 저하가 수학보다 더 심해 특히 놀랐다. 국제적으로 비교해 보았을 때 평균이 떨어지는 정도도 가장 크다. 우리나라는 20점가량 떨어지는데 다른 국가들에 비

우리나라 학생의 수학 및 과학에 대한 자신감 및 흥미에 대한 긍정 응답 비율

	수학(국제 평균)		과학(국제 평균)	
	초4	중2	초4	중2
자신감	64%(76%)	46%(56%)	76%(84%)	34%(62%)
흥미	60%(80%)	40%(59%)	84%(88%)	53%(79%)

출처: 한국교육과정평가원(2020), 『TIMSS 2019 결과 발표 별첨 자료』

해 큰 편이다. 과학 흥미도도 초등 4학년, 중등 2학년을 비교해 보면 우리나라는 84퍼센트에서 53퍼센트로 떨어지는 반면 국제 평균은 88퍼센트에서 79퍼센트로 떨어진다. 즉, '아주 흥미 있다, 흥미 있다, 흥미 없다'라는 세 응답 가운데 앞의 두 응답을 합친 것에서 국제 평균이 88퍼센트에서 79퍼센트로 낮아질 동안 우리는 84퍼센트에서 53퍼센트까지 떨어진 것이다. 성취도는 유지되었어도 자신감과 흥미는 급속히 떨어졌다. 특히 중학교에 올라간 이후부터는 하락 폭이 더 크다. 이 부분이 우리나라 과학교육, 더 나아가 학교 교육 전반이 지닌 가장 큰 문제이다. 재미가 없다면 어떻게 창의력을 발휘할 수 있고, 어떻게 꾸준히 멀리 갈 수 있겠는가?

그렇다면 이런 경향은 왜 나타날까? 여러 원인이 있겠지만, 특히 문화적인 측면에서 우리나라 교실의 특징을 한번 살펴볼 필요가 있다. 홍콩의 한 교수가 '교실에서 어떤 종류의 소통이 이루어지는가?'를 주제로 연구를 진행하면서, 특히 동아시아권 국가의 수학 수

업에서 학생이 한 번 말할 때 교사는 몇 번 말하는지를 조사해 보았다. 한국은 스물두 번 말하는 것으로 알려졌다. 스물에서 서른 명의 학생들 중 한 학생이 한 번 얘기할 때마다 선생님이 스물두 번 이야기한다는 것이다. 물론 미국 등 다른 국가도 선생님이 더 많이 이야기하지만 우리나라보다는 그 정도가 훨씬 덜하다. 다르게 말하면 우리나라 수업 시간에는 선생님이 거의 혼자 이야기한다는 것이다.

물론 경우에 따라 이런 교육은 효과적일 수도 있다. 그렇지만 학생들이 질문하지 않고, 무엇을 모르는지 표현하지 않는데 어떻게 창의적인 사고나 소통과 협업이 가능하겠는가. 우리나라 연구 팀이 직접 연구했던 자료도 있다. 수업 시간에 학생의 참여가 얼마나 적은지 연구한 것으로, 한 그룹의 학생이 수업 동안 어느 정도 말하는지 분석해 보았다. 그 결과 100분가량 수업을 한다고 했을 때 95분 동안은 아무 말도 하지 않음을 알 수 있었다. 그렇다면 나머지 5분 동안은 뭘 했을까? 그중 4분은 수업과 무관한 이야기를 했다. 텔레비전에서 무엇을 봤다느니, 지우개가 어떻다느니 등에 대한 내용이었다. 오직 1퍼센트, 100분 가운데 1분 정도만 수업과 관련된 이야기를 했다. 매우 충격적인 데이터이다.

교육학 분야에서는 학생들의 담화 분석을 바탕으로 여러 가지 새로운 교수법을 만들어 내거나 효과적인 교습 전략을 세우는 연구를 진행한다. 개인적으로는 이런 연구 방식에 매우 회의적이다. 수업 시간의 1퍼센트만 수업 관련 이야기를 하고 나머지 99퍼센트 동안은 침묵하는데, 어떻게 그것이 올바르고 효과적인 연구 방법일 수 있겠는가? 필자는 이런 현상을 '침묵의 바다'라고 부른다. '침묵의 바다에 학생들이 놓여 있다'는 의미이다.

한 가지 다행인 점은 95분간 침묵하는 학생 중 절반 정도는 선생님의 설명을 열심히 듣거나 교과서를 읽는 등 수업에 집중한다는 것이다. 선생님의 권위를 존중하는 문화가 반영된 것일 테다. 그렇지만 바꿔 말하면 선생님이 한참 이야기할 동안 학생들은 단지 수동적으로 듣기만 하고, 나머지 절반은 딴짓을 한다는 이야기이다. 이 연구 결과는 학생의 참여가 매우 부족한 우리 교실의 특징을 보여 준다.

미래의 과학교육을 위한 청사진

우리나라가 처한 조건, 인구 문제, 미래 사회의 모습, 현 과학교육의 문제 등을 종합적으로 살피면서 미래 세대를 위한 과학교육의 청사진을 마련해 보기 위한 프로젝트가 2018년에 발표되었다. 바로 미래 세대 과학교육표준(Korean Science Education Standards for the Next Generation, KSES)이라는 프로젝트이다. 미래 사회는 창의성과 협력, 소통, 열정, 인성을 필요로 하고, 인공지능 기술이 보편화되며, 학습에 대해 완전히 새로운 생각의 전환을 요구한다. KSES에서는 그런 시대를 앞두고 우리가 어떤 준비를 해야 하는지 고민했다.

이미 미국을 포함한 선진국들은 STEM 교육을 어떻게 혁신할 것인지 고민해 왔다. OECD 국가들도 마찬가지이다. 특히 미국은 지난 30년간 '프로젝트 2061'이라는 차세대 과학표준 프로젝트를 진행했다. '프로젝트 2061'은 30여 년 전 핼리 혜성이 지구를 찾아온 해 시작해 혜성이 다시 찾아올 2061년을 목표로 진행되고 있다. 이렇게 긴 안목을 가지고 미국의 과학, 수학, 공학 교육을 바꾸자는 계획을 지난 30년 넘게 진행해 온 것이다. 그 성과물로 만들어진 것이 미국의 NGSS(Next Generation Science Standards)이다. 우리나라에서도 미국의 이 프로젝트에 자극을 받아 한국만의 표준을 만든 것이 '미래세대 과학교육표준'이다.

2014년부터 시작해 4년 동안 한국과학창의재단, 교육부, 과학기술정보통신부가 협력해 한국형 표준을 만들었다. 필자도 연구 책임을 맡아서 광복 100주년에 해당하는 2045년을 살아갈 미래 세대를 위한 한국형 표준을 만들었으며, 이를 바탕으로 새로운 과학 교육 정책과 과학 교육과정 수립의 방향성을 제시하는 국가적 청사진을 세웠다. 물론 지금 이루어지는 교육으로는 이러한 정신을 그대로 구현하기가 어려울 수 있다. 학교 교육과정에는 또 다른 변수가 많이 있기 때문이다. 그래도 적어도 과학만큼은 이러한 목표와 방향성을 갖고 교육하겠다는 일념하에 2018년 과학교육 청사진을 발표했다.

KSES 연구진은 우리나라 과학교육의 주요 문제점을 최하위에 해당하는 흥미와 자신감, 지식 중심 평가, 문제 풀이 중심 수업, 개별 과학으로 분리된 공부, 입시 중심 교육이라고 진단했다. 그리고 이를 해결하기 위해 다음과 같은 방향의 해결책을 이행하고자 했다. 즐겁고 재미있는 과학 공부, 과학적 소양 증진을 통한 성취도 상승, 학생 때뿐만 아니라 어른이 되어서도 즐기고 참여할 수 있는 과학 문화 형성 등이 목표이다. 이를 위해서는 지식 중심 평가를 과정 중심 평가, 탐구 수행 중심의 교수 학습 활동, 통합과학적이고 간학문적인 접근으로 바꾸어야 한다. 또한 문제 해결 중심의 역량 역시 강화해야 한다. 과학교육의 목표는 학교 내 교육뿐만 아니라 학교 바깥의 활동에서도 과학적으로 참여하고, 과학적으로 문제를 해결할 수 있는 방식으로 이루어져야 한다. KSES는 이러한 현실 진단 아래 만들어진 것이다.

그렇다면 우리나라 과학교육표준에서 추구하는 인간상은 무엇일까? 과학적 소양을 갖추고 우리 사회 혹은 지구촌의 구성원들과 함께 더불어 잘 살아가는 스마트하고 창의적인 사람이다. 여기서 말하는 과학적 소양은 무엇일까? 과학 관련 역량과 지식을 지니고, 개인과 사회의 문제 해결에 민주 시민으로서 참여하며 실천하는 태도와 능력을 말한다. 전통적으로 우리나라 학교에서 강조해 온 지식뿐만 아니라 21세기에 들어 강조하기 시작한 역량도 중요하며, 지식과 역량을 단순히 갖추고 있기보다 실제로 실행하는 것이 핵심이다. 참여와 실천의 측면을 특히 새롭게 강조하는 표준을 만들고 개념화한 것이 '과학적 소양의 나무' 모형이다.

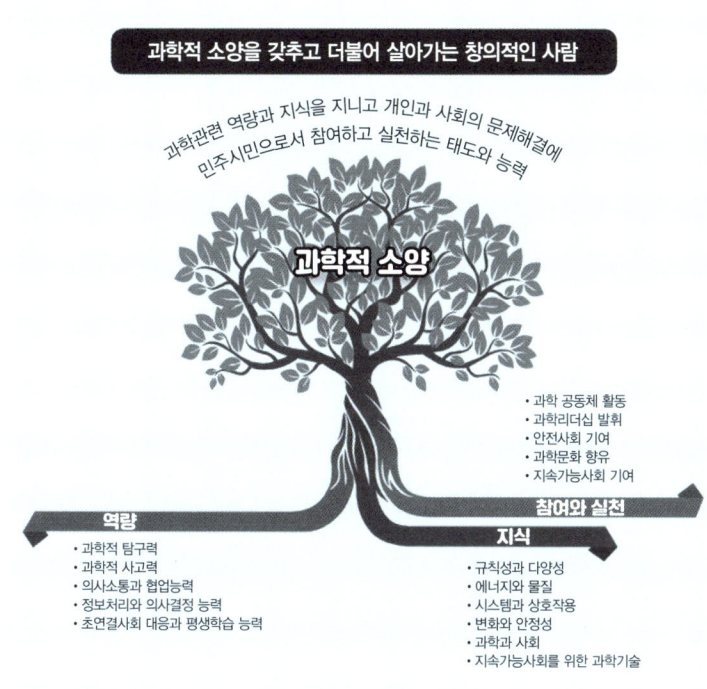

미래세대 과학교육표준의 '과학적 소양의 나무' 모형
출처: 송진웅 외(2019), 『모든 한국인을 위한 과학적 소양: 미래세대 과학교육표준』

한편, 미국의 NGSS는 다음 세 가지 차원을 개념적 기초로 삼는다. 첫째, 교과 핵심 아이디어Disciplinary Core Ideas로서 전통 과학이라 할 수 있는 물리학, 화학, 생명과학, 지구과학의 핵심 개념들이다. 둘째, 관통 개념Crosscutting Concepts도 함께 공부한다. 이는 서로 다른 과학 분야를 관통하는 개념들로 다양성, 항상성, 보존성, 에너지, 생명

등이 해당한다. 과목별 핵심 아이디어를 공부하고 과목 간의 개념도 공부해 과학공학실행Scientific and Engineering Practice으로 옮기는 것이 미국 NGSS의 세 가지 차원이다. 우리나라의 과학교육표준도 NGSS를 바탕에 두는데, 당연히 이것보다 더 발전할 필요가 있다. 그런 고민을 담아 만들어 낸 모델이 바로 위의 '과학적 소양의 나무'이다.

풍성한 잎을 가진, 즉 과학적 소양을 갖춘 창의적인 사람을 만들어 내기 위해서는 세 개의 뿌리가 서로 연동되어야 한다. 바로 지식, 역량, 참여와 실천이다. 이 세 뿌리 사이에는 선후관계가 없다. 즉, 지식을 갖추고 난 다음에 역량을 갖추거나, 역량을 갖추고 난 다음에 참여와 실천을 하는 것이 아니다. 참여와 실천 과정에서 역량도 길러지고 지식도 더 확고해지며, 또 지식과 참여를 통해 역량이 길러지기도 한다. 이렇게 세 가지 큰 뿌리가 동시에 상호 연결되어 있기에 서로 엮이면서 하나의 큰 나무가 되는 것이다. 과학교육표준은 해방 100년이 되는 해인 2045년까지 달성하는 것이 목표이다.

조금 더 구체적으로 알아보자. 먼저 역량 중심 사회를 만드는 것이 미래의 핵심적인 교육 방향이다. 그렇다면 과학에서 길러야 할 역량은 무엇일까? 과학적 탐구력이다. 더불어 과학적 사고력, 의사소통 능력, 협업 능력을 길러야 한다고 끊임없이 강조한다. 또한 미래 세대의 정보처리 기술을 바탕으로 한 의사결정 능력도 필요하다. 초연결 미래 사회에 대응하기 위해, 또 평균 100세 시대에 여러 직업을 거치며 변화하기 위해 평생학습을 위한 역량도 필요하다. 고등학교를 마치고도 80년을 더 살아가야 하는데, 그 80년간 사회는 점점 더 빠르게 변화할 것이기 때문이다.

그렇다면 이러한 역량들을 키우기 위해서는 어떤 지식이 필요할까? 이것은 미국 NGSS의 관통 개념과 유사하다. 규칙성과 다양성, 에너지와 물질, 시스템과 상호작용, 변화와 안정성 등은 전통적으로 물리학, 화학, 생명과학, 지구과학에서 가르치는 개념들을 모아 그룹화한 것이다. 융합적인 모습을 띠고 있지만, 기본적으로 평소 과학 시간에 공부하는 지식과 크게 다르지 않다. 여기에 더해 두 가지 지식이 더 필요하다. 하나는 과학과 사회의 관계에 대한 지식이다. 과학기술과 사회가 긴밀하게 연결되어 있음을 인지적으로 이해해야 한다. 과학 지식은 여러 분야의 과학자들 간의 상호작용을 통해 구성되기 때문이다. 더 나아가 이런 관점이 지속 가능한 사회가 되어야 한다. 또한 이것이 지속 가능하려면 과학기술이 어떤 모습이어야 하는지 역시 알고 있어야 한다. 그래서 과학기술이 가지는 양면성, 지속 가능한 사회를 위한 과학기술의 역할과 중요성 등을 지식으로서 알아야 할 뿐 아니라 실질적으로 이해해야 한다.

세 번째 차원은 참여와 실천이다. 특히 우리나라 학생들은 '침묵의 바다'인 학교에서 '배운 건 배운 것이고, 시험 볼 때까지만 기억했다가 잊어버리면 된다. 과학을 배운다고 해서 꼭 과학적으로 살 필요는 없다'고 생각하곤 한다. 이런 관점에서 벗어나 과학기술을 활용해 사회에 참여하고 실천하기 위해서는 어떻게 해야 할까? 우선 과학공동체 활동 경험이 필요하다. 그 사례로 학교의 과학반, 탐구반, 발명반, 지구 온난화와 관련된 문제를 고민하는 시민단체, 동아리 활동 등을 들 수 있다. 자전거 라이더들끼리 자전거의 메커니즘을 더 잘 이해하고 공부하기 위해 모이는 집단이나 인공지능을 같이 공부하는 집단, 공상 과학 소설을 읽고 독서토론을 진행하는 모임도 해당한다. 이러한 과학 공동체 활동은 학교에서도, 졸업 후 어른이 되어서도 필요하다.

두 번째로 과학적 리더십을 발휘해야 한다. 우리 사회의 지도자들 중에는 과학 전공자도 있다고 이야기했지만, 여전히 부족한 실정이다. 개인적으로 과학에 바탕을 둔 리더십은 상당히 창조적이고 민주적이라고 생각한다. 과학적 리더십을 발휘하는 것은 민주 시민으로서의 핵심이다. 우리나라는 세월호 참사를 비롯해 여러 재해와 재난을 경험했다. 후쿠시마 원전 폭발 사고 혹은 그 이전부터 일본에서 일어났던 대지진과 해일도 비슷한 사례이다. 사회 안전을 위협하는 요소에 과학기술이 어떻게 기여해 문제를 해결할 수 있을지 알아야 한다. 또한 인터넷 기반의 지능 정보 시대에 생겨난 새로운 위험도 있다. 이러한 문제들에 현명하게 대처하며 해결하는 사회를 만들어 나갈 수 있도록 환경 문제, 경제 문제, 산업 문제, 사회·문화 문제 등에 실제로 참여하고 실천하는 능력을 갖춰야 한다. 이밖에도 우리 사회에는 음악, 연극 등 여러 종류의 '즐김의 대상'이 있는데, 과학 역시 이 즐김의 대상과 동떨어진 것이 아님을 알아야 한다. 자연의 아름다

움뿐 아니라 관련 문제를 해결하고 이해해 나가는 것으로서 과학이라는 탐구 활동만이 지닌 즐거움이 있다. 이것들을 개개인이 즐기고 느낄 수 있게 해야 한다. 이렇듯 우리 과학교육의 목표는 학교에서 배우는 과학에서 범위를 넓혀 학교 밖에서 할 수 있는, 어른이 되어서도 할 수 있는 과학 활동으로 개념적 확장을 이루는 중이다. 학부모 역시 정부와 과학교육계의 이러한 흐름을 인지하고 자녀의 과학 학습을 도와줄 필요가 있다.

요리 같은 과학을 위해

지난 30년간 과학교육을 바꾸고자 노력해 오면서, 최근에 필자가 가진 가장 구체적인 고민은 과학교육의 스타일과 관련이 있다. 과학교육자들은 오랫동안 과학에 대해 가르치고 배우는 과학교육의 모습이 요리책 같아서는 안 된다고 이야기해 왔다. 요리책에서는 요리의 이름부터 시작해 파 몇 개, 소금 몇 그램, 물 몇 컵처럼 준비물과 재료 소개가 이어지고, 순서에 따라 1번부터 마무리까지의 레시피가 제시된다. 이것을 '요리책 스타일'이라고 한다. 필자를 포함한 연구자들은 요리책 스타일로부터 벗어나기 위해 과학탐구라는 이름으로 과학교육을 지난 몇십 년 동안 진행해 왔다. 그래서 우리나라의 과학교육은 요리책으로부터 벗어났을까? 많은 학생으로부터 호응을 받고 있을까?

과학에 열광하는 사람은 지금 우리 사회에 별로 없지만, 요리에 열광하는 사람은 엄청나게 많은 것 같다. 먹방이든, 요리사가 등장하는 프로그램이든 사람들이 요리에 열광하는 이유는 무엇일까? 요리책 방식의 교육이 부적절함에도 사람들은 요리에 그렇게나 열광하는데, 과학교육자들은 무엇을 하고 있는 것인가? 간혹 맛있는 음식을 요리해 보면서 알게 된 요리의 특징 중 하나는 정해진 방법이 없다는 것이다. 만두를 빚든 볶음밥을 하든 그 방식은 여러 가지이다. 또한 어떤 요리만이 최고라고 정해진 것도 없다. 내 입맛에 맞는 것이 다른 사람의 입맛에는 맞지 않을 수 있다. 요리에 정답은 없다. 양념으로 파를 넣을 수도 있지만 뺄 수도 있고, 당근 역시 넣을 수도 뺄 수도 있다. 모두 나의 선택에 달려 있다. 냉장고에 있는 재료들만으로 만들 수도 있고, 일단 배워 두면 평생 써먹을 수 있는 것도 요리의 특징이다. 과학도 그러할까? 뉴턴의 운동 법칙, 옴의 법칙, 호크의 법칙 등을 공부하면 평생 써먹을 수 있을까 하는 생각도 요리를 하며 해보게 되었다.

또한 여전히 많은 사람이 과학은 머리가 좋아야만 할 수 있다고 생각한다. 머리가 좋은 사람만 과학을 해야 할 필요는 없지 않은가? 요리에도 물론 창의력이 필요하지만, 적어도 우리가 보통 생각하는 IQ와 관련된 종류는 아니다. 내가 좋아서, 내가 즐거우니까, 내가 필요해서 하는 것이 요리이다. 요리의 또 다른 특징은 혼자 할 수도, 여

럿이 함께 할 수도 있다는 것이다. 하다가 잘못할 수도 있지만 그러면 다시 하면 된다. 다른 재료를 써봐도 되고, 다른 양념이나 다른 재료를 추가해 볼 수도 있다. 다 하고 난 다음에 열심히 맛있게 먹으면 그만이다. 또한 요리는 재미있다. 특히 교육적 관점에서 요리의 가장 중요한 특징은 활동의 전체 통제권을 자신이 가지고 있다는 것이다. 요리라는 활동을 할 때 어떤 양념을 선택할지, 어떤 맛을 내고 싶은지, 누구와 함께 할 것인지 선택할 수 있는 통제권이 나 자신에게 주어져 있다.

현재 학교에서의 과학 공부, 과학탐구 활동도 요리와 비슷한 부분이 있을까? 그렇지 않다. 요리와 같은 특징들이 갖춰져야 의미 있는 과학교육이 가능해질 것이다. 다시 말해, 수차례 강조했듯이 멀리 갈 수 있는, 나의 문제로 즐기면서 할 수 있는, 나이 들어서도 계속할 수 있는 과학 공부가 가능해질 것이다. 그래서 필자는 요리 같은 과학을 하자고 요청하고 싶다. 과학에만 국한된 이야기는 아니다. 우리나라의 전반적인 학교 공부가 이런 특징을 담아낼 수 있어야 의미 있는 교육이 될 것이다. 학생들은 12년간 초중고등학교를 거쳐야 하고, 절대적인 시간을 들여 의무적으로 공부해야 한다. 장기간에 걸친 의무 활동이 정말 의미 있고, 즐겁고, 행복한 시간이 되려면 요리와 같은 요소들이 곳곳에서 묻어나는 모습이 되어야 하지 않을까 생각한다.

부모도 과학을 공부해야 하는 이유

앞서 열세 개의 장에 걸쳐서는 '우리 아이들이 왜 과학을 공부해야 하는가?'에 초점을 맞추어 이야기했다. 마지막 14장에서는 학부모에게 초점을 맞춰, 부모도 과학을 공부해야 하는 이유를 설명하며 글을 마무리하고자 한다.

학부모로서의 과학 공부

부모에게는 크게 두 가지 위치가 있다. 첫째, 자녀의 어머니와 아버지, 즉 학부모로서의 위치이다. 둘째, 우리 사회를 살아가는 성인으로서의 위치이다. 민주 사회를 이루는 구성원이라는 의미이다. 14장에서는 우선 학부모로서 위치에 집중해 부모가 과학을 공부해야 하는 이유를 먼저 알아보고, 그 다음으로 사회 구성원, 즉 성인으로서 과학을 공부해야 하는 이유에 대해 이야기하겠다.

학부모로서 과학을 공부해야 하는 첫 번째 이유는 변화하는 가족 구성에서 기인한다. 한국은 이제 합계 출생율이 0.7명대이다. 어느 집에 가든 형제를 찾아 보기 어려운데, 이는 과거 부모 세대와 달리 가족 내에 롤 모델이 없다는 뜻이기도 하다. 부모 세대는 할아버지와 할머니의 이야기를 듣기도 하고, 형이나 언니가 뭔가를 하면 그것을 따라하며 배우곤 했다. 이제 아이들에게는 그럴 사람이 없기에 가족 내에서 롤 모델이 될 수 있는 사람은 부모뿐이다. 모르는 걸 물어볼 때도 부모님, 누군가를 따라 하려 할 때도 그 대상은 부모님이다.

특히 요즘 아이들은 자연이나 과학과 관련해 궁금한 것이 생기면 유튜브나 SNS를 확인한다. 하지만 이런 디지털 콘텐츠의 특징은 '단방향성'이다. 어린이들은 끊임없이 질문을 하고, 1초에 한 번씩 뭔가를 궁금해한다. 그럴 때마다 항상 유튜브나 SNS를 볼 수는 없다. 끊임없이 이어지는 아이들의 질문과 궁금증을 해소하기에는 역부족이며, 쌍방향으로 계속 소통이 가능한 대화의 주체는 부모님뿐이다. 부모님과의 대화를 통해 아이들은 호기심과 경험을 가지기 시작하고, 타인과 소통하며 교감하는 능력을 기른다. 가족 구성이 변화하는 사회인 오늘날, 부모는 가족에서 더 큰 역할을 맡게 된다.

부모님은 '대화형 자연 지능'에 해당하며 아이들이 세상을 내다보는 창문 역할을 한다. 컴퓨터에도 윈도라는 창이 있어 세상을 내다볼 수 있다. 하지만 부모님을 통해 세상을 보는 아이들은 그 창문의 크기에 따라 더 넓은 세상을 보기도 하고, 그 맑음에 따라 더 깨끗한 세상을 경험할 수도 있다.

과학에는 크게 두 가지 지식이 있다고 한다. 하나는 명제적 지식 propositional knowledge 인데, 어떠한 사물에 대해 '이것은 어떠한 것이다'라고 설명하는 것이 해당한다. 또 하나는 과정적 지식 procedural knowledge 이다. 과정적 지식은 명제적 지식으로 도달하는 과정에서 익히는 지식으로, 과학에서의 탐구 과정이라고 할 수 있다. 과정적 지식과 관련해 부모는 자녀에게 본보기로서의 역할을 한다. 자녀는 부모에게 인정 욕구를 느끼며 부모의 행동을 모방한다. 또한 자녀는 부모가 공부하면 따라 공부하고, 책을 읽으면 따라 책을 읽고, 동식물에 관심을 쏟으면 그 역시 따라 한다. 결국 아이의 성장 발판은 부모가 세상과 교감하는 방식에 바탕을 둔다.

부모를 자녀의 '대화형 자연 지능'이라 이름 붙인 것도 그 때문이다. 부모는 아직 어떠한 인공지능도 따라 할 수 없는 대화형 지능이다. 부모는 자녀의 본보기가 되며, 거울도 되고, 창문도 된다. 그래서 부모가 과학에 대해 잘 알고 있다면 자녀 역시 과학을 잘 배울 수 있는 토대를 가질 수 있다.

성인으로서의 과학 공부

학부모로서가 아닌 사회 구성원이자 일반 성인으로서 부모는 어떤 역할을 수행할까? 과학의 관점에서 성인의 역할 중 하나는 현명한 소비자에 있다. 현대사회에서 우리는 매일같이 무언가를 소비하므로 대부분의 시간 동안 사람은 소비의 주체가 된다. 소비는 선택의 연속이다. 온라인 쇼핑이 일상적인 오늘날, 우리는 생산자나 다른 소비자가 제공하는 단편적인 정보를 바탕으로 어떤 상품을 구매할지를 선택해야 한다. 문제는 그 정보를 완벽히 신뢰할 수 없다는 점에 있다. 선택의 순간마다 어떤 댓글, 어떤 광고를 믿을 것인지 생각해야 한다. 그렇기에 현명한 소비는 곧 생존 지식으로 이어지기도 한다. 제한된 경제 범위 내에서 효율적이고 현명하게 소비하는 능력이 필요한 것이다.

생각해 보면 모든 가전제품이나 상품은 과학기술을 바탕으로 만들어졌다. 작은 금액부터 큰 금액을 소비하는 일까지 과학 지식이 도움이 되지 않는 경우는 없다. 소비생활이 선택의 연속이라면, 현명한 선택을 하기 위해서는 과학기술에 관한 기본적인 정보와 지식이 필수적이다. 과학 지식은 쇼핑을 하는 사람이고 성인이라면 누구나 갖춰야 할 첫 번째 필수 조건이다.

과학 지식의 보편성 역시 성인이 되어서도 과학을 공부할 이유가 된다. 세상에는 과학 외에도 철학, 역사, 정치, 사회, 경제 등 분야에 대한 중요한 수많은 지식과 정보가 있다. 그렇지만 이런 지식은 이념, 문화, 시대에 따라 특정 범위에서만 유효한 경우가 많다. 반면 과학은 비록 100퍼센트 완벽한 정답을 제시한다고 할 수 없어도, 시대와 문화를 뛰어넘는 보편성을 가진다. 이러한 보편성은 과학의 큰 특징 중 하나이다. 예컨대, 중학교 때 배운 과학 지식을 잘 숙지하고 있다면 언제 어느 곳으로 여행을 떠나더라도 그곳의 자연과 환경에 대해 잘 이해하고 감상할 수 있으며 큰 위험에 대비할 수도 있다. 모든 상황과 현상이 과학 지식에 바탕을 두고, 이러한 보편성은 시대, 국가, 문화에 구속받지 않기 때문이다. 그래서 제대로 익힌 과학 지식은 평생 써먹을 수 있다.

또한 과학 지식이 있다면 국가와 이념을 떠나 누구를 만나더라도 편견과 오해 없이 대화를 나눌 수 있다. 우리는 외국인을 처음 만났을 때 대부분 날씨 이야기를 먼저 꺼낸다. 혹시 오해와 편견이 섞일까 걱정하며 아주 조심스럽게 이야기하는데, 날씨가 그런 위험을 가장 잘 피하면서도 두 사람의 공통 관심사가 될 수 있기 때문일 것이다. 하지만 과학 지식이 있다면 오늘 날씨는 왜 이런지, 이 도시는 왜 이런 모습인지, 이 도시는 왜 이러한 집 구조를 갖게 되었는지 등에 대해 오해나 편견 없이 아주 편안하게 대화를 나눌 수 있다. 또한 현대 인류가 직면하고 있는 수많은 글로벌 이슈 중에는 기후, 날씨, 식량, 에너지, 교통 등이 있다. 이 사안들은 현대인이면 누구나 알고 있어야 되는 소양으로 때로는 이것을 바탕으로 투표도 해야 한다. 즉, 어떤 정책을 지지할 것인지, 어느 정책을 주장하는 정당을 선택할 것인지도 모두 과학기술과 관련이 있다.

많은 사람이 역사를 좋아한다. 왜냐하면 역사에는 내러티브와 스토리가 있고 나에게 주는 의미가 있기 때문이다. 하지만 스토리 역시 과학기술을 빼놓고 말할 수 없다. 우리 인류 문명에 큰 영향을 미쳤던 도구의 역사, 과학의 역사, 공학의 역사가 우리가 지금까지 알고 있던 정치적·문화적·사회적·제도적 역사와 통합되어야만 빅 히스토리가 된다. 이를 통해 역사와 문화와 철학도 더 풍부하게 이해할 수 있다. 과학 지식에 이러한 특징이 있기에, 매우 유용하며 지성의 바탕이 된다고 이야기할 수 있는 것이다.

또한 일반적으로 과학과 연결되는 단어는 아니지만, 과학 공부를 통해 '지혜'를 얻을 수 있다. 흔히 과학에는 수많은 지식이 연결되어 있어 많은 내용을 암기하거나 이해해야 한다고 생각한다. 과학을 대표적인 지식의 학문이라고 부르는 것도 이 때문일 것이다. 이에 중고등학교에서도 과학 시간마다 열심히 문제도 풀고 암기도 하는 것이다. 과학이 지식의 학문이기에 적어도 의무적으로 과학을 공부해야 하는 나이(인문계는 고등 1학년까지, 이공계는 그 이후)까지는 과학을 배우되 그다음에는 과학과 완전히 결별해도 상관없다고 여기기도 한다.

그러나 이 생각은 과학교육자들이 과학을 잘못 가르친 데서 비롯된 것이라고 본다. 다시 말해, 지금까지의 과학교육은 과학을 앎으로써 삶이 풍요로워지는 모습을 잘 보여 주지 못했다. 특히 과학을 배움으로써 얻을 수 있는 풍요로움을 아는 것은 과학을 전공하는 사람보다 과학을 전공하지 않는 사람에게 더 필요하다. 개인적으로는 이를 '지혜로서의 과학science as wisdom'이라고 부르고, 지혜로서의 과학을 가르칠 수 있어야 한다고 말한다.

2013년 말에 인기를 끌었던 「별에서 온 그대」라는 드라마가 있다. 드라마를 보지는 않았지만 짐작건대 별에서 온, 지구상에 존재하지 않는 특별한 사람이 있다는 설정인 것 같다. 그런데 사실 우리는 모두 별에서 왔다. 지구에 존재하는 모든 원소들, 특히 무거운 원소들은 별이 탄생될 때 만들어져서 우주를 떠돌다가 중력이 작용하는 지구에 모여서 생명체가 되고 다시 생명체 중 하나인 인간이 된 것이다. 이렇게 생명을 품고 있는 지구라는 천체에 대해 알게 되면, 우리의 고향이 이곳 지구뿐만 아니라 이 지구를 구성하는 대기의 원소일 수도 있고, 지표일 수도 있고, 더 나아가 이 우주라고 생각할 수도 있다.

지구가 매우 특별한 환경이라는 것도 하나의 사례가 된다. 지구의 중력은 지구에 모여 있는 질량의 양에 의해 결정되고, 그 질량에 의해 날아가는 기체와 날아가지 못하는 기체가 결정된다. 이렇게 만들어진 대기층은 다시 그것을 뚫고 들어올 수 있는 가시광선의 영역을 설정한다. 가시광선은 인간이 볼 수 있는 전자기파의 영역이다. 인간은 지구환경에 존재하는 동물이므로 지구가 정해 주는 전자기파의 범위 내에서 시력을 통해 보게 된다. 이렇듯 인간의 감각, 능력 등을 이해하는 데에도 지구환경은 매우 중요하며 중력이나 대기압 등이 모두 작용한다.

앞서 대기압이 얼마나 센지 이야기한 바 있다. 우리가 매우 편안하게 느끼는 이곳의 공기는 사실 엄청나게 높은 압력을 갖고 있다.

단지 우리가 그 환경에 맞춰 진화했기에 편안한 상태로 있는 것뿐이다. 어마어마한 속도로 자전하는 지구와 우리는 사실 같이 움직이는 중이다. 정지해 있는 것처럼 보이지만 아무것도 정지해 있지 않다. 우리가 지금 보고 느끼는 것이 사실은 그렇지 않다는 것도 과학을 통해 알 수 있다.

또한 정말 놀랍게도 아슬아슬하게 균형을 잡고 있는 지구 생태 환경을 이해하는 일도 우리 삶을 풍요롭게 하는 지혜에 해당한다. 지구라는 조건에서 수십억 년을 진화해 온 환경이 지금의 균형점이며, 여기서 조금만 망가져도 우리는 이 균형으로 다시 되돌아올 수 없는 특이점에 도달한다. 지금까지 글로벌 워밍이라고 하던 것을 이제는 글로벌 보일링 global boiling 이라 부르기 시작한 것도 그래서이다. 이는 안토니오 구테흐스 Antonio Guterres UN 사무총장이 최근에 제안한 용어이다. 지구는 따뜻해지는 것이 아니라 끓고 있다고 이해해야 한다. 우리는 어쩌면 이전으로 다시 돌아갈 수 없는 특이점에 와 있음을 알아야 한다.

또 하나는 우리의 현명한 판단을 위협하는 방해 요소들과 관련이 있다. 옛날부터 비합리적인 판단을 야기하는 미신, 과학을 빙자한 사기, 무수히 많은 가짜 뉴스들이 있었다. 물론 우리가 과학을 안다고 해서 이 방해 요소들로 인한 문제가 전부 해결되는 것은 아니다. 그렇지만 과학은 더 현명하고 올바른 판단을 하는 데 매우 중요한 바탕이 된다.

요컨대 지구의 아름다움, 우리 생명의 소중함과 의미, 지금까지 몰라서 무심코 지나왔던 것들이 담고 있는 놀랍고도 특이한 균형, 합리적인 판단 등은 모두 평생을 살아가면서 필요한 지식, 즉 삶의 지혜에 해당한다. 과학은 이런 것들을 제공하며 또 그럴 수 있어야 한다. 여기에 과학을 공부할 가치가 있는 것이다.

마지막으로 민주주의의 기초를 세우기 위해서도 과학 공부가 필요하다. 13장에서 미래세대 과학교육표준을 이야기하면서 더불어 살아가는 창의적인 민주 시민이라는 표현을 사용했다. 많은 사람이 과학은 민주주의와 상관없다고 생각한다. 그러나 민주주의는 개인이 각각 자신의 의견을 표현하고, 그것들이 모여 집단 지성을 통해 하나의 솔루션을 찾아내고, 그때 드러나는 다양성을 인정하고, 누구나 틀릴 수 있고 오류의 가능성이 있다는 것을 수용하고, 범위 내에서 합의를 이끌어 내는 과정이다. 그렇다면 과학교육은 민주주의의 가장 좋은 기틀이 될 수 있다. 과학적 소양을 갖추고 더불어 살아가는 창의적인 시민을 만드는 것이 미래 과학교육의 목표라고 한다면, 이러한 시민들이 기초가 되어 민주 사회를 만들 수 있기 때문이다.

과학은 증거를 기반으로 판단한다는 특징이 있다. 과학에서는 누구나 다 내가 왜 이렇게 생각했는지에 대해(증거가 충분할 수도 있고 불충분할 수 있지만) 제한된 범위 내에서라도 증거를 기반으로 제시하고 주장한다. 이러한 특성은 과학이 딛고 있는 객관성의 기초가 된다. 과학이 항상 올바른 진리는 아닐지라도 가능한 한 튼튼한 객관성 갖추는 것도 바로 이 증거에 기반한 판단 때문이다.

또한 과학은 논리와 증거, 기존 지식 체계를 존중한다. 새로운 것을 발견하고 해석하려고 할 때, 혹은 새로운 근거를 주장할 때는 기존에 거의 틀림없이 맞다고 알려진 것들과 얼마나 잘 연계되고 서로 일관성을 갖추었는지 판단하게 된다. 과학은 이 과정을 통해 합리성을 추구한다. 기존의 지식과 관련된 논리와 증거 등이 대부분 상당히 옳다고 판단되기 때문이다. 이를 바탕으로 이루어진 주장과 해석은 합리적인 판단을 하는 기초가 된다.

과학에는 실험 과정에 대한 판단 근거도 있다. 최근 과학계에서 가장 이슈가 되었던 주제는 초전도체의 성공 여부였다. 이 주장과 관련해서 성공을 주장하는 측에서는 어떤 증거가 있다고 제시하고, 더불어 특정 실험 과정을 거쳐 특정 기기를 바탕으로 그러한 증거를 세웠다고 구체적으로 이야기한다. 이는 다른 사람에게도 같은 과정을 거쳐 직접 실험해 보라는 이유에서이다. 다른 사람이 같은 실험을 해도 같은 과정이 재현되는지, 결론을 내린 과정이 다른 사람이 볼 때도 합당하다고 생각하는지 알기 위해서이다. 이것이 바로 개방성이다. 자신이 판단을 내린 과정을 모두 공개하고 이로 인해 비판에 노출되는 것이다.

또 하나의 특징은 개방성과도 관련이 있는데, 자신을 포함해 모든 주장을 의심해 보는 것이다. 물론 자신의 주장을 스스로 의심하기는 쉽지 않다. 하지만 과학자들은 그렇게 하도록 훈련받는다. 그러면서 세상의 모든 주장이 정말 옳은지, 그 근거는 무엇이며 충분한지, 그 근거로 특정한 결론을 내는 것은 합리적이고 논리적인지 등을 파악한다. 이러한 태도를 우리는 과학적 회의주의, 집단적 회의주의라고 표현하기도 한다. 부정적인 의미의 회의주의가 아니라, 근거 없는 확신을 갖지 않도록 하기 위한 회의주의이다. 이런 회의주의는 끊임없는 '왜'라는 표현으로 이루어진다. '왜 그럴까', '꼭 그래야 할까', '정말 다른 가능성은 없을까' 등을 질문한다.

이 과정에서 과학자들은 언제나 오류 가능성을 수용한다. 95퍼센트 신뢰 수준으로 특정 결과를 받아들일 만하다고 주장하면서도, 여전히 그 주장이 잘못될 수 있음을 인정하는 것이다. 과학자들은 신념으로 가는 것을 유보한다. 과학자들한테 특정 견해를 물어보면 그들은 종종 "그렇게 될 가능성은 이렇고, 그렇지 않을 가능성은 이렇다."라고 말한다. 일반인들은 많은 경우 그런 태도를 답답해하고, 왜 과학자들이 분명하게 이야기해 주지 않는지에 대해 불만을 가진다. 그러나 과학자의 핵심은 그렇게 말하지 않는 것이다. 본인이 틀릴 수 있음을 기본적으로 전제하고 있기 때문이다. 그래서 단순히 확실하다고 주장하기보다는, 99퍼센트 확실한지, 99.99퍼센트 확실한지 정량화해서 주장하는 것이 과학자의 역할이다.

이렇듯 객관성과 합리성을 추구하고, 개방성을 지키고, 자신을 포함한 모든 사람의 주장을 의심하고, 다시 한번 비판적으로 생각해 보고, 자신의 주장조차 100퍼센트 확실하다고 믿지 않는 과학의 정신이 바로 과학적 사고의 습관scientific habits of mind이다. 이런 소양과 습관을 갖추는 일은 우리 사회가 진정한 민주주의 사회가 되기 위해 매우 필요하다. 그래야 다른 사람의 이야기를 경청하고, 확인해 보고, 주장의 효과를 합리적으로 추론하고, 그 효과도 검증해 보는 등의 과정을 거칠 수 있다. 그렇게 되면 우리가 겪고 있는 수많은 사회적 갈등을 훨씬 더 많이 줄일 수 있으리라 기대한다.

마무리하며

아이뿐만 아니라 부모 역시 나이가 들어서도 과학을 공부해야 한다. 아이를 위해서도, 자신을 위해서도, 학부모로서도, 성인이자 사회 구성원으로서도 과학 공부는 필요하다. 미래는 평생학습사회이므로 과학을 평생 동안 배우고 익히고 실천하는 모습이 필요하다.

    글을 마무리하며 두 가지 인용문을 전하고 싶다. 하나는 20세기의 유명한 물리학자 리처드 파인만Richard Feynman이 한 말이다. "나는 질문할 수 없는 대답보다 대답할 수 없는 질문을 원한다I would rather have questions that can't be answered than answers that can't be questioned." 이 말은 과학자의 가장 큰 특징을 보여 준다. 과학과 과학자들에게 핵심은 답이 아니다. 그 누구도 아직 답을 모르는 질문을 던지는 것이 과학의 핵심이자 창의성의 핵심이고, 인류가 진보할 수 있는 가장 중요한 출발점이다.

다른 하나는 알버트 아인슈타인의 말이다. "약한 사람은 복수를 하고, 강한 사람은 용서를 하고, 똑똑한 사람은 무시한다Weak people revenge. Strong people forgive. Intelligent people ignore." 우리는 살다 보면 중요한 것과 중요하지 않은 것을 구분하게 된다. 물리학자들 역시 그러하다. 그들은 중요하지 않은 것은 제외하고, 중요한 것부터 먼저 고민한다. 그다음 그것보다 덜 중요한 것이 무엇인지 살펴보고, 덜 중요한 것은 어느 정도 영향을 줄지 고민하고, 덜 중요한 것들이 해결되면 다시 더 작은 조건들을 고민한다. 핵심은 중요한 것과 중요하지 않은 것을 구별하는 일이다. 우리는 살아가면서 수많은 선택을 하고, 수많은 일에 시간과 노력을 들이고, 수많은 희망과 목표를 세운다. 그 모든 것을 삶에서 이뤄 낼 수는 없다. 각자 자신에게 가장 중요한 것이 무엇인지 생각해 보고, 중요한 것에는 집중하되 나머지 덜 중요한 것은 무시할 수 있어야 한다. 그런 사람이 바로 똑똑한 사람이다. 이 똑똑함은 과학을 공부할 때 더 길러질 수 있다. 이러한 생각을 가지고 우리 아이들과 부모들이 모두 과학에 계속 관심을 기울이고 과학을 음미하며 즐겼으면 좋겠다.

Q 과학교육, 왜 중요한가요?

A 모든 교육의 궁극적 목적에는 크게 두 가지가 있다고 생각합니다. 하나는 자녀가 성인이 되어 각자의 삶을 영위할 수 있도록 직업적 준비를 해주는 것이고, 다른 하나는 민주 사회의 건강한 시민으로 성장하도록 돕는 것입니다. 미래 사회의 모든 직업은 직간접적으로 과학기술 발전의 기초 위에서 가능하며, 지금보다 과학기술에 훨씬 큰 영향을 받을 것입니다. 과학교육은 이에 적응하기 위한 기초와 전문성을 기르는 데 필수적입니다. 또한 과학교육은 과학적 소양, 비판적·논리적 사고력, 과학적 참여와 실천 등 한 개인의 성장에 필요한 기본 소양을 골고루 갖추도록 하는 데 적합합니다. 이러한 개인적 필요 이외에 국가의 산업적·기술적 경쟁력 역시 미래의 과학기술에 달려 있습니다. 즉, 개인적 측면에서도 국가적 측면에서도 좋은 과학교육은 꼭 필요합니다.

Q 우리 아이는 왜 질문하지 않을까요?

A 아이들이 질문하는 빈도는 나이, 개인 성향, 주변 환경에 따라 다를 수 있습니다. 어릴 때는 궁금한 것은 무엇이든 물어보지만, 나이가 들면서 자기 나름의 생각이 형성되고 또 주변의 눈치를 보게 되는 것은 자연스러운 성장 과정입니다. 질문을 하지 않는 이유로는 대개 그 대상에 흥미를 느끼지 않거나, 이미 상당 부분 알고 있다고 생각하거나, 자신의 질문이 다른 사람에게 부끄럽게 비칠 수 있다고 생각하거나, 자신의 질문이 다른 사람의 시간을 빼앗는 행위가 될까 조심하는 것입니다. 여러 이유가 있을 수 있습니다. 하지만 질문은 관심과 더 알고 싶은 마음의 상태를 나타내는 표시이기 때문에, 아이의 질문에 긍정적인 피드백을 주는 것이 매우 중요합니다. 질문을 하기 위해서는 스스로 생각을 정리해 아이디어를 내야 하고, 대화하는 과정에서 창의적인 아이디어가 생성되며, 또 그 자체로 타인과 소통하는 활동이므로 많은 격려와 칭찬이 필요합니다.

Q 과학에 대한 편견은 어떤 것이 있나요?

A 흔히 과학은 어렵고, 따분하고, 혼자서 하는 활동이라는 편견이 있습니다. 어려움과 따분함은 아이들마다 다르게 나타날 수 있는 특징입니다. 누구에게는 언어가 어렵고, 누구에게는 수학이 어렵고, 또 누구에게는 과학이 어려울 수 있습니다. 참고로 저는 학창 시절 암기할 것이 많은 영어

와 역사가 가장 어려웠습니다. 하지만 지금은 이 분야들을 아주 좋아합니다. 또 과학자는 구석방에서 외롭게 혼자 실험 활동을 하는 사람이라는 편견도 있지만 그렇지 않습니다. 오늘날의 과학 연구와 실험은 혼자서 하지도, 따분하지도 않습니다. 많은 사람과 교류하고 소통하며 다양한 기기와 방식을 동원해 이루어집니다. 또한 과학을 공부하면 돈, 명예와 담을 쌓고 살게 된다는 편견도 있습니다. 하지만 과학은 모든 신기술의 출발점이 되고, 특허와 창업을 통해 큰 부를 축적할 수도 있습니다. 국가와 사회로부터 과학자에게 주어지는 상도 많고 높은 명예와 지위를 얻는 것도 얼마든지 가능합니다.

Q 인문계 진로를 희망하는 아이, 과학교육이 필요한가요?

A 요즘 교육과정에서는 인문계와 자연계가 사실상 구분되지 않습니다. 최근 '문과 침공'이라는 말이 나올 정도로 문·이과 간의 칸막이가 낮아졌고, 수능에서의 장벽도 거의 없어졌습니다. 특히 2028 대학입시 개정안의 수능 시험에서는 사회 및 과학탐구를 포함해 거의 모든 과목이 공통 필수입니다. 다만 고 2-3의 선택 과목은 자신의 진로를 잘 고려해 선택할 필요가 있고, 이는 내신으로 평가받습니다. 이와 별도로 앞으로의 사회는 모든 분야가 과학기술적 발전에 큰 영향을 받을 것입니다. 이는 인문계도 예외일 수 없습니다. 예컨대 언어 분야에서는 인공지능 기술이, 문화예술 분야

에서는 미디어 기술과 공학적 설계가, 스포츠 분야에서는 인체공학이 큰 영향력을 가집니다. 이러한 이유에서 과학은 자연계, 인문계를 포함한 모든 학생이 반드시 배워야 하는 필수 과목에 해당합니다.

Q 고등학교 과학, 선행을 해야 할까요?

A 모든 종류의 선행 학습은 다음 단계의 학습을 위해 어느 정도 도움이 되는 것이 사실입니다. 스포츠나 음악 분야에서 조기교육을 통해 성공한 경우를 많이 볼 수 있지요. 문제는 선행학습의 지속 효과일 것입니다. 학교 공부는 스포츠나 음악처럼 한 분야만을 집중적으로 할 수 없고 또 융합의 시대에 한 분야에만 집중하는 공부가 바람직하지도 않습니다. 또한 현재 선행학습은 법적으로 금지되어 있어서, 과학고 등 과학 특화 고등학교 입시에서도 이를 철저하게 배재합니다. 2028학년도 이후 치러질 수능의 필수 과목인 통합과학은 중학교까지의 내용으로 대부분 채워져 있으므로 선행이 필요하지 않습니다. 공부에서 중요한 것은 빨리 가는 것이 아니라 멀리 가는 것입니다. 자칫 지나친 선행으로 제때 배울 내용에 대한 아이의 호기심과 궁금증을 낮추는 실수를 범하지 않았으면 합니다.

Q 과학을 잘하려면 어떻게 해야 하나요?

A 학교급에 따라 적절한 방법이 다를 것 같습니다. 초등학교 저학년까지는 자연환경과 주변 사물에 대한 다양한 체험을 하고 그에 대한 궁금증을 가져 보는 경험을 해야 합니다. 이때 부모님과 함께 그 경험을 공유하며 소통하는 것이 중요합니다. 초등학교 고학년과 중학교 시기에는 학교나 학교 밖에서 이루어지는 실험 및 탐구 활동에 꾸준히 참여하는 것이 효과적입니다. 또한 이러한 활동을 통해 알게 된 지식을 학교에서 배우는 과학 내용과 연결지어 이해하고 적용해 보는 것이 중요합니다. 고등학교 시기에는 자신의 적성과 진로를 중심으로 적합한 분야를 선택하고 집중적으로 공부해야 합니다.

Q 과학을 잘하려면 수학을 잘해야 하나요?

A 수학을 잘하면 당연히 좋지만, 필수 조건은 아닙니다. 고등학교를 졸업할 때까지의 과학 내용은 대부분 중학교 수준의 수학적 이해만 있으면 충분히 학습이 가능합니다. 다만, 대학교의 이공계 학과에 진학했을 때 대학 수준의 과학에서 요구되는 수학은 고등학교 수준이고, 세부 전공에 따라 대학 수준의 수학 내용이 필수적인 경우도 많습니다. 그러나 이에 대한 준비는 대입을 마친 후에 할 수 있으므로 참고하시기 바랍니다.

Q 물리를 잘하려면 어떻게 해야 하나요?

A 물리학의 특징은 기초 개념에 대한 철저한 이해와 논리적·비판적 사고입니다. 모든 개념이 기본 원리 및 법칙을 바탕으로 유도되고 또 상호 연결되어 있어 논리적이고 유기적인 개념 체계를 형성합니다. 또한 물리학 내용에 대한 이해는 마찰, 저항, 중력 등의 생활 환경 조건으로부터 이탈한 추상화와 이상화가 그 출발점이 되는 경우가 많습니다. 이때 논리적 추론과 비판적 사고가 필수적입니다. 다행히 물리학에서는 서로 긴밀히 연결된 개념적 체계를 이해하는 것이 핵심이어서, 세세한 사항과 명칭 등을 암기해야 하는 부담은 거의 없습니다.

Q 자녀의 과학교육으로 고민하는 부모님들에게 조언 한마디 부탁드려요.

A 오늘날도 그렇지만 미래 사회는 더욱 과학기술 중심이 되어 거의 모든 직업 세계에 과학기술의 이해가 필수 조건이 될 것입니다. 과학 공부가 늘 쉽거나 재미있기만 하지는 않을 수 있습니다. 하지만 과학 공부를 통해 얻게 되는 지식과 사고력은 자녀가 논리적이고 합리적인 성인으로 성장하는 데 반드시 필요한 요소입니다. 다행히 아이들은 과학을 좋아하고 탐구 활동을 즐깁니다. 아이들이 이러한 관심과 흥미를 잃지 않고 오래도록 과학 공부를 지속할 수 있도록 격려와 지원을 부탁드립니다.

참고문헌

강남화 외. 2018. 『고등학교 물리학 II』. 천재교육.
교육부. 2015. 「과학과 교육과정」. 고시 제2015-74호[별책 9].
교육부. 2021. 「2021년도 교원자격검정 실무편람」. 교육부 교원양성연수과.
교육부. 2022. 「과학과 교육과정」. 고시 제2022-33호[별책 9].
송진웅. 2002. 「패러데이의 양초의 화학사」. 『과학동아』 2002년 2호.
송진웅 외. 2019. 『모든 한국인을 위한 과학적 소양: 미래세대 과학교육표준』. 한국과학창의재단.
송진웅·김익균·김영민·권성기·오원근·박종원. 2004. 『학생의 물리 오개념지도』. 북스힐.
송진웅·문만용·배중연·송성수·조숙경. 2018. 『고등학교 과학사』. 대구광역시교육청.
송진웅·정용재·마틴산야·나지연·장진아·강다연. 2018. 『교실과 문화: 동아시아 과학 교실문화의 이해』. 북스힐.
신성우. 2020. 「5大그룹 CEO, 'SKY' 다음은 부산대·성균관대」. 『비즈니스워치』. 2020. 8. 5.
정동욱. 2010. 『패러데이 & 맥스웰: 공간에 펼쳐진 힘의 무대』. 김영사.
조숙경. 2016. 『세계의 과학관』. 살림.
조숙경. 2023. 『클래스가 남다른 과학고전』. 타임북스.
최재혁 외. 2021. 『과학중점학교 12년의 노력과 결실』. 한국과학창의재단.
최준영·나지연·송진웅. 2015. 「과학수업에서 나타나는 학생들의 행동적 참여 분석을 위한 영상 분석 도구의 개발」. 『한국과학교육학회지』 35: 247-258.
최준호. 2022. 「한인 첫 '수학 노벨상' 필즈상 쾌거… 그는 韓 고교 중퇴자였다」. 『중앙일보』. 2022. 7. 5.
최형석. 2009. 「사장(社長)되려면… 중(中)·일(日)은 공대 가고, 한국(韓國)은 상대 간다」. 『조선일보』. 2009. 12. 1.
한국교육과정평가원. 2020. 『TIMSS 2019 결과 발표 별첨 자료』.

Faraday, M. 2002. *The Chemical History of a Candle*. Dover Publications.

Jones, Henry Bence. 2010. *The life and letters of Faraday*. Cambridge University Press.

Khun, Thomas S. 1962. *The Structure of Scientific Revolution*. United States: University of Chicago Press.(김명자·홍성욱 옮김, 『과학혁명의 구조』, 까치, 2013.)

Kim, M., Dillon, J., & Song, J. 2020. "The Factors and Features of Museum Fatigue in Science Centres Felt by Korean Students." *Research in Science Education*, 50: 419-436.

Popper, Karl. 1959. *The Logic of Scientific Discovery*. Hutchinson.

Porter, Roy. 1987. *Man Masters Nature*. United Kingdom: BBC Books.(조숙경 옮김, 『2500년 과학사를 움직인 인물들』, 창작과비평사, 1999.)

Song, Jin-Woong. 2006. "Humanistic Science Education through Context-Rich Approaches." *Journal of Korean Elementary Science Education* 25(4): 383-395.

국가교육과정정보센터 https://ncic.re.kr/mobile.index2.do
UNDP 서울정책센터 지속가능발전목표 https://www.undp.org/ko/policy-centre/seoul/sustainable-development-goals
전국과학관갈라잡이 https://smart.science.go.kr
통계청 지표누리 index.go.kr
10 of the World's Most Inspiring Science Museums https://artsandculture.google.com/story/10-of-the-world-s-most-inspiring-science-museums/HQLCDXFNtsGVIA
Next Generation Science Standards https://www.nextgenscience.org
The Royal Institution https://www.rigb.org/christmas-lectures

이미지 출처

22쪽 패러데이의 전자기 회전 장치 ⓒ Michael Faraday, "Faraday magnetic rotation", 1884, via commons.wikimedia.org
25쪽 패러데이의 크리스마스 과학 강연 ⓒ Royal Institution / Bridgeman Images
42쪽 파르테논 신전 ⓒ Steve Swayne, "O Partenon de Atenas adj", 1978, via commons.wikimedia.org
    지구 중심설 ⓒ Pearson Scott Foresman, "Ptolemaic system 2 (PSF)", 2008, via commons.wikimedia.org
    첨성대 ⓒ 한국관광공사
    임페투스 이론 ⓒ Walther Hermann Ryff, "Buridan-impetus", 1582, via commons.wikimedia.org
    훈민정음 ⓒ Khukuklub, "HMJE 1-1", 2013, via commons.wikimedia.org
    갈릴레오 ⓒ National Gallery of Art, Washington DC, "Galileo Galilei (1564-1642) RMG BHC2700", 1610, via picryl.com
    마키아벨리 ⓒ Santi di Tito, "Portrait of Niccolò Machiavelli", 1550-1600, via commons.wikimedia.org
43쪽 셰익스피어 ⓒ Martin Droeshout, "Title Page - Shakespeare First Folio (1623), title page - BL (cropped)", 1623, via commons.wikimedia.org
    해체신서 ⓒ 佐賀大学地域学歴史文化研究センタ―, "Chiikigakusaga kaitaishinsho1-0020", 1774, via commons.wikimedia.org
    증기기관 ⓒ Karen Arnold, "Steam Locomotive Vintage Train", via publicdomainpictures.net
    병인양요 ⓒ World Imaging, "La Guerriere", 1865, via commons.wikimedia.org
    마르크스 ⓒ photo by John Jabez Edwin Mayall, colored by Olga Shirnina, "Karl Marx, 1875", 1875, via commons.wikimedia.org
    최초의 휴대용 트랜지스터 라디오 ⓒ Sony Group Corporation

포항종합제철 설립 ⓒ 포스코
125쪽   국립중앙과학관/국립부산과학관/국립광주과학관 ⓒ 한국관광공사
        국립과천과학관 ⓒ 국립과천과학관
        국립대구과학관 ⓒ 국립대구과학관
180쪽   알베르트 아인슈타인 ⓒ Orren Jack Turner, "Albert Einstein, 1879-1955", 1947,
        via www.loc.gov
181쪽   찰스 다윈 ⓒ Ulysses 0G, "Charles Darwin", 2021, via commons.wikimedia.org
187쪽   누리호 발사 장면 ⓒ 연합뉴스
198쪽   유네스코 2030 지속가능발전목표 ⓒ 원문 UN, 국문판 유네스코한국위원회